Vous avez dit LIBRE échange ?

Jacques Berthelot

Vous avez dit LIBRE échange ?

L'Accord de 'Partenariat' Économique Union européenne – Afrique de l'Ouest

Préfaces de
Mamadou Cissokho et Ken Ukaoha

L'Harmattan

Du même auteur

Les coopératives agricoles en économie concurrentielle,
Cujas, 1972

Les sillons de la faim,
en collaboration avec François de Ravignan,
L'Harmattan, 1980

L'agriculture, talon d'Achille de la mondialisation,
L'Harmattan, 2001

Réguler les prix agricoles,
L'Harmattan, 2013

5-7, rue de l'Ecole-Polytechnique, 75005 Paris

http://www.editions-harmattan.fr

ISBN : 978-2-343-15043-7
EAN : 9782343150437

Préface de Mamadou Cissokho

Président d'honneur du ROPPA
(Réseau des Organisations Paysannes
et des Producteurs de l'Afrique de l'Ouest)[1]

Les Conventions de Yaoundé et Lomé n'ont pas produit les résultats escomptés, que ce soit pour les exportations des pays ACP sur le marché européen, le développement industriel ou la bonne gouvernance des Etats.

Car ces accords ont été mis en œuvre par de jeunes Etats, certes politiquement souverains, mais dont les leviers économiques sont restés dans les mains des colonisateurs. Les tentatives de réformes se sont faites dans les affres des programmes d'ajustements structurels : surfacturations des projets d'industrialisation, pertes sèches des privatisations, faibles appuis aux activités agro-sylvo-pastorales…

Les pays en développement ont mis le Doha Round à l'agenda de l'OMC, notamment pour tempérer les iniquités du commerce agricole, mais l'opposition des pays développés, en particulier de l'UE refusant d'admettre

---

[1] Membre des Task Forces de la CEDEAO sur l'Ecowap (Politique agricole commune) et sur la libre circulation des biens, services et personnes; Président du Réseau de la Société Civile sur le Programme de Développement de la CEDEAO; Président d'honneur du ROPPA.

l'effet de dumping de ses subventions agricoles internes, a bloqué ce processus.

L'Accord de Cotonou (2000-2020) a encadré les négociations des APE, mais, alors que les conventions de Lomé étaient des accords non réciproques et que les relations avec les pays ACP dépendaient de la DG Développement et Coopération, la négociation des APE a été menée par la DG Commerce, dans le seul souci d'ouvrir de nouveaux marchés aux exportations de l'UE.

La mobilisation des sociétés civiles, parlementaires et partis politiques des pays ACP comme de l'UE a permis de reporter la signature de 2007 à 2015. A la CEDEAO, les chefs d'Etat ont proposé de remplacer les APE par des APD (Accords de Partenariat pour le Développement) pour promouvoir le marché unique.

L'intérêt des APE selon l'UE oublie de nombreux facteurs :

- Les financements européens des études d'impact : recrutement des experts, validation des rapports et leur diffusion… ou non-diffusion si leur impact s'avérait négatif.
- L'UE n'a cure de l'érosion de la compétitivité des pays ACP liés à la multiplication de ses accords de libre-échange avec des pays exportant les mêmes produits, notamment agricoles, alors qu'elle devrait les associer à ces accords.
- L'Union africaine a montré que les exportations hors Afrique portent surtout sur des produits agricoles bruts alors que les échanges intra-africains portent plus sur des produits transformés générateurs de valeur ajoutée.

- La négociation des APE aurait dû prendre en compte les partenariats établis par les pays ACP avec les Etats-Unis (AGOA), la Chine et l'Inde. Le projet de Zone de Libre Echange Continentale (ZLEC), largement soutenu par l'UE, aurait dû être négocié avec les Communautés Economiques Régionales qui doivent atteindre d'abord un degré suffisant d'intégration régionale pour qu'elle puisse réussir à terme.

Oui, les APE sont des Accords de Pauvreté Economique.

C'est pour éviter tous ces pièges que le Nigéria a sagement décidé ne pas s'aligner, donnant ainsi l'opportunité à la CEDEAO d'ajuster ses prises de position.

Merci à Jacques pour sa veille sur les risques des APE, notamment pour les organisations paysannes et les ONG qui les soutiennent.

PRÉFACE DE KEN UKAOHA

Président de NANTS
(Association Nationale des Commerçants du Nigéria)[2]

L'Accord de Cotonou révisé en 2010 souligne le principe fondamental "*d'égalité des partenaires et d'appropriation des stratégies de développement : en vue de la réalisation des objectifs du partenariat, les Etats ACP déterminent, en toute souveraineté, les stratégies de développement de leurs économies et de leurs sociétés... Les partenaires de développement de l'UE alignent leurs programmes sur ces stratégies*".

Il est donc difficile d'accepter les pressions de l'UE sur le Nigéria pour l'amener à signer l'APE d'Afrique de l'Ouest (AO). Le Président Mohammadu Buhari a été très clair dans son discours du 3 février 2016 au Parlement européen, en affirmant que "*Signer l'APE dans sa forme actuelle ruinerait son plan de révolution industrielle... Le Nigéria estime aussi que l'accord va saper l'intégration économique régionale*". Notre Président a réitéré le 9 avril 2018 au nouvel Ambassadeur de l'UE que le Nigéria n'a

---

[2] Ken UKAOHA, Esq, est un avocat spécialisé en commerce, expert en négociation et plaidoyer; membre de la Task Force de la CEDEAO sur la libre circulation des biens, des services et des personnes; Président de NANTS.

pas changé sur l'APE, qui compromettrait la création de millions d'emplois pour une jeunesse qui, autrement, serait privée d'avenir.

En outre, en ratifiant les APE intérimaires (APEi) de Côte d'Ivoire et du Ghana, qui ont été mis en oeuvre depuis la fin 2016 et vont devenir permanents en l'absence d'APE régional, ce que l'UE aura accompli est la destruction finale du processus progressif d'intégration régionale à l'œuvre depuis le Traité de Lagos (1975) ayant créé la CEDEAO.

Cet objectif d'intégration régionale sera d'autant plus détruit par les deux APEi de Côte d'Ivoire et du Ghana que leur clause de la Nation la Plus Favorisée (NPF) les oblige à accorder à l'UE le même accès à leur marché de 90% de leurs importations qu'ils ont accepté d'accorder à tous les pays d'Afrique en signant l'Accord sur la Zone de Libre Echange Continentale (ZLEC) le 21 mars à Kigali, au lieu des 75% dans les textes des APEi. Le Nigéria a refusé de signer cet accord qui est bien trop prématuré et élaboré d'une manière descendante alors qu'il ne pourrait être justifié qu'une fois que le processus d'intégration régionale au sein de chaque Communauté Economique Régionale (CER) aura atteint un stade avancé. Cependant, une fois de plus, la Commission européenne a félicité la ZLEC et s'est engagée à poursuivre son soutien à sa mise en oeuvre.

Dans ce contexte l'analyse de Jacques Berthelot, sur les multiples manœuvres et contre-vérités utilisées par la Commission européenne pour imposer l'APE de l'AO et les APEi de Côte d'Ivoire et du Ghana, est bienvenue.

Je continue personnellement à estimer qu'une approche d'atterrissage en douceur nécessite que les parties oublient leur ego et retournent à la table de négociation en vue de renégocier certaines des questions thématiques qui constituent des obstacles à l'accord. Un niveau conséquent de compréhension, de bonne volonté et d'engagement pour des compromis possibles est impératif et nécessaire pour parvenir à un résultat gagnant-gagnant. Espérons que les parties à l'accord, en particulier l'UE, reconnaitront la nécessité de poursuivre sur cette voie en tant que bonne base pour façonner un avenir mutuellement bénéfique des relations UE-AO, en particulier dans le contexte de l'après-Cotonou.

Doux est à l'homme le pain de la fraude,
mais ensuite la bouche est remplie de graviers
Livre des Proverbes de Salomon, 20-17

Sommaire

Introduction

L'histoire des Accords de partenariat économique (APE) entre l'Union européenne (UE) et les pays ACP – d'Afrique-Caraïbes-Pacifique, tous d'anciennes colonies de France, Royaume-Uni (RU), Portugal, Italie, Espagne, à l'exception du Libéria –, illustre le constat que leur accès à l'indépendance politique depuis 1960 est resté formel, l'UE ayant tout fait pour leur imposer des Accords de Partenariat Economique (APE) qui sont plutôt des accords de paupérisation économique.

Ces Etats ACP, dont d'Afrique sub-saharienne (ASS), notamment d'Afrique de l'Ouest (AO) – comprenant les 15 Etats de la CEDEAO (Communauté économique des Etats de l'Afrique de l'Ouest) plus la Mauritanie – et de la Communauté d'Afrique de l'Est (CAE), ont été induits en erreur par les institutions européennes (Commission, Conseil et Parlement) pour signer, appliquer provisoirement, puis ratifier et mettre en œuvre des APE régionaux ou intérimaires (APEi), dont ceux de Côte d'Ivoire (CI) et du Ghana, sur la base de contre-vérités de la Direction Générale (DG) du Commerce de la Commission européenne (CE). Il n'est pas trop tard pour dénoncer ces APE entachés de dol, à la veille de la renégociation de l'Accord de Cotonou qui expire en 2020 pour régir les futures relations entre l'UE et les pays ACP, relations qui se feront sans le Royaume-Uni (RU) puisque le Brexit devrait être effectif le 29 mars 2019.

Le 9 avril 2018 le Président Muhammadu Buhari du Nigéria a déclaré au nouvel ambassadeur de l'UE venu lui présenter ses lettres de créance que son pays était déterminé à ne pas signer l'APE de l'AO, réitérant son discours du 3 février 2016 au Parlement européen, car cela compromettrait l'industrialisation du pays et la nécessité de créer des millions d'emplois pour une jeunesse qui, autrement, serait privée d'avenir. Or l'UE a toujours reconnu que l'APE de l'AO ne pourrait être finalisé sans le Nigéria qui a représenté 72% du PIB de l'AO en 2016 et 52% de sa population.

L'UE et la CEDEAO sont maintenant au pied du mur, en particulier la Côte d'Ivoire et le Ghana qui ont mis en œuvre depuis la fin 2016 les APE intérimaires (APEi) signés fin 2007 en attendant que l'APE de l'AO soit finalisé afin de conserver l'entrée à droits de douane nuls pour leurs exportations sur le marché européen.

Sans l'APE régional les APEi de Côte d'Ivoire et du Ghana seront permanents et torpilleront le lent processus d'intégration régionale à l'oeuvre depuis la création de la CEDEAO en 1973, alors que l'objectif premier des APE et de l'Accord de Cotonou de 2000 entre l'UE et les pays ACP (d'Afrique-Caraïbes-Pacifique) est de promouvoir l'intégration régionale dans les Communautés économiques régionales (CER) des pays ACP, dont la CEDEAO. En effet, alors que les APEi vont éliminer leurs droits de douane progressivement sur 15 ans sur leurs importations venant de l'UE à partir du 3 septembre 2018 pour la Côte d'Ivoire et du 15 décembre 2021 pour le

Ghana, les autres Etats de l'AO seront obligés de taxer leurs importations venant de ces deux pays. Sinon ils seront envahis par les produits finis qu'ils auront fabriqués à partir d'intrants et de biens d'équipement importés à droits de douane nuls de l'UE et qui constituent 80% de leurs importations.

Mais ce constat va énormément se complexifier puisque 13 des 16 Etats de l'AO ont signé le 21 mars 2018 à Kigali l'accord sur la Zone de Libre-Echange Continentale (ZLEC) lors du Sommet extraordinaire des Chefs d'Etat de l'Union Africaine[3], seuls le Nigéria, la Guinée Bissau et la Sierra Leone n'ayant pas signé. Or cet accord engage les 13 Etats de l'AO à supprimer leurs droits de douane sur 90% de leurs importations venant d'Afrique et la clause de la Nation la Plus Favorisée (NPF) inscrite dans les APEi de Côte d'Ivoire et du Ghana les oblige à accorder les mêmes avantages à l'UE. Cela impliquera des pertes de recettes douanières très supérieures à celles déjà considérables calculées pour leurs APEi dont la libéralisation devait porter sur 75% des importations venant de l'UE.

Dans ce contexte il est très utile d'analyser les multiples manoeuvres et contre-vérités utilisées par la DG Commerce de la Commission européenne pour imposer l'APE de l'AO et les APEi de Côte d'Ivoire et du Ghana, sachant que son comportement a été très proche pour imposer les autres APE des pays ACP.

[3] *La folie de la zone de libre-échange continentale africaine (ZLEC)*, SOL, 4 septembre 2017, https://www.sol-asso.fr/wp-content/uploads/2017/10/La-folie-de-la-zone-de-libre-%C3%A9change-continentale-africaine-ZLEC-4-septembre-2017.pdf

I. Les APE auraient été imposés par l'OMC

1.1. L'OMC AUTORISE LES PRÉFÉRENCES COMMERCIALES SELON LE NIVEAU DE DÉVELOPPEMENT

L'argument très largement partagé selon lequel il était juridiquement impossible de maintenir les préférences commerciales non réciproques des Accords de Lomé entre l'UE et les pays ACP ne tient pas. La Commission européenne a prétendu qu'elles n'étaient plus compatibles avec les règles de l'OMC, surtout après que l'UE y a été condamnée 2 fois pour violation du principe de non-discrimination du GATT suite aux plaintes des 9 pays d'Amérique latine exportateurs de bananes – 3 pays andins (Colombie, Equateur, Pérou) et 6 pays d'Amérique centrale non ACP (Costa Rica, Guatemala, Honduras, Nicaragua, Panama, El Salvador) – de devoir payer des droits de douane (DD) à l'UE alors que les pays ACP en étaient exemptés.

Pourtant, si la discrimination est interdite par le GATT et l'OMC selon un critère géographique, elle est possible selon le niveau de développement. C'est ce qui a été à l'origine du 'Système de Préférences Généralisées' (SPG) bilatéral de l'UE depuis 1971 pour les pays en développement (PED) – qui bénéficient de droits de douane (DD) ad valorem inférieurs d'environ 30% à ceux du régime de la ‘Nation la Plus Favorisée’ (NPF) appliqué aux pays développés – et de DD nuls et sans quotas tarifaires pour les ‘Pays les Moins Avancés’ (PMA), depuis la Décision ‘Tout sauf les armes’ (TSA) de l’UE de mai 2001. D’où aussi le statut SPG+ qui exempte de DD l’essentiel des exportations vers l’UE – sauf quelques produits assujettis aux DD NPF appliqués aux pays sans préférences commerciales – des PED au statut SPG respectant des critères de vulnérabilité économique et de mise en œuvre de 27 conventions internationales sur les droits humains et sociaux, la protection de l’environnement et la bonne gouvernance.

Dans la poursuite de l’Inde à l’OMC en 2012 contre le SPG préférentiel de l’UE concernant les drogues (SPG précurseur du SPG+), l’Organe d’appel a, en 2014, "*conclu que, si un pays développé Membre accordait des préférences tarifaires additionnelles au titre de son schéma SGP pour répondre de manière positive à des ‘besoins... du développement, des finances et du commerce’ largement reconnus des pays en développement au sens du paragraphe 3 c) de la Clause d’habilitation, cette ‘réponse positive’ ne serait pas, en tant que telle, incompatible avec la prescription ‘sans... discrimination’ figurant dans la note de bas de page 3 de la Clause d’habilitation, même si ces besoins n’étaient pas communs à tous les pays en développement ou partagés par eux tous*"[4].

Or le PIB par tête des 9 pays d’Amérique latine était en 1995 2,3 fois supérieur à celui des 3 pays de l’AO expor-

[4] OMC, *Communautés européennes – conditions d’octroi de préférences tarifaires aux pays en développement*, WT/DS246/AB/R du 7 avril 2004

tateurs de bananes (Cameroun, Côte d'Ivoire et Ghana) et est devenu 3,9 fois supérieur en 2016 (5 557 $ contre 1 433 $). Même l'Inde ne devrait pas s'y opposer puisque son PIB par tête de 2016 est de 20% supérieur à celui de ces trois pays et que, au titre de son régime PMA créé en 2008 et révisé en 2014, 98,2% de ses importations (en pourcentage des lignes tarifaires) venant des PMA, dont de 34 pays ACP, se font sans DD[5]. Et le PIB par tête de l'UE28 (de 31 785 $) était 20,8 fois supérieur à celui de l'AO (de 1 527 $) en 2017.

L'UE pourrait d'autant plus obtenir une nouvelle dérogation à l'OMC pour maintenir ses préférences non réciproques que la 'guerre de la banane' a été doublement enterrée. D'abord par l'accord à l'OMC de décembre 2009 où les pays d'Amérique latine ont accepté que l'UE maintienne ses importations à DD nuls des pays ACP en contrepartie d'une baisse des DD sur leurs exportations, de 148 € la tonne (€/t) en 2010 à 114 €/t en 2017[6]. Ensuite par les Accords de libre-échange (ALE) conclus avec ces pays en 2012[7] (en 2015 pour l'Equateur) qui ont programmé une réduction plus forte des DD, tombant à 75 €/t à partir de 2020 contre le DD normal NPF de 127 €/t (abaissé à 117 €/t depuis le 1er janvier 2018) ainsi que la suppression des quotas d'importation.

Si l'UE avait enterré cette guerre dès 2000 elle aurait pu obtenir une dérogation à l'OMC pour prolonger les ac-

[5] https://www.un.org/ldcportal/preferential-market-access-indias-duty-free-tariff-preference-scheme-for-ldcs/

[6] http://ictsd.org/i/trade-and-sustainable-development-agenda/103018/#respond

[7] http://agritrade.cta.int/fr/Agriculture/Produits-de-base/Banane/Les-exportations-de-bananes-de-l-Amerique-centrale-et-du-Sud-vers-l-UE-boostees-par-les-accords-de-libre-echange-malgre-une-performance-variable

cords de Lomé, notamment pour les pays d'ASS, comme les Etats-Unis (EU) l'ont obtenue pour l'AGOA (African Growth Opportunity Act) également en mai 2000, exemption renouvelée pour 10 ans en 2015[8] avec le consensus unanime de l'OMC, y compris de l'UE[9].

L'AGOA ne se prive pas d'ailleurs de dénoncer "*les pratiques déloyales de l'Union européenne qui conditionnent l'accès des Africains au marché européen à la signature d'accords commerciaux déséquilibrés et non conformes aux normes*"[10]. Mais il n'est pas trop tard pour demander cette dérogation, notamment dans le cadre des réflexions sur l'accord qui succèdera à celui de Cotonou qui expire en 2020.

1.2. L'UE a renié sa Décision 'Tout sauf les armes' et contredit l'OMC sur les PMA

C'est l'UE qui a défini les périmètres géopolitiques des 5 APE régionaux d'ASS, souvent en contradiction avec les périmètres des Communautés Economiques Régionales (CER)[11], s'assurant que chacun comprenait des PMA et

---

[8] https://agoa.info/images/documents/5659/agoa-extension-and-enhancement-act-of-2015-2.pdf

[9] HTTP://EUR-LEX.EUROPA.EU/LEGAL-CONTENT/EN/ALL/?URI=COM%3A2015%3A0464%3AFIN

[10] https://agoa.info/images/documents/5659/agoa-extension-and-enhancement-act-of-2015-2.pdf

[11] L'APE de l'Afrique de l'Ouest (AO) comprend la CEDEAO (Communauté Economique des Etats d'Afrique de l'Ouest, de 15 Etats) plus la Mauritanie; l'APE d'Afrique centrale comprend la CEMAC (Communauté Economique des Etats d'Afrique Centrale, de 6 Etats) plus la République démocratique du Congo (RDC) et Sao Tomé et Principe; l'APE de la CAE (Communauté Economique d'Afrique de l'Est, de 5 Etats); l'APE SADC (Southern Africa Development Community) ne comprend que 6 Etats sur 15; l'APE ESA (d'Afrique de l'Est et Afrique Australe) ne comprend que 4 des 16 Etats de la

des non PMA (dits PED). En imposant que tous les Etats de chaque APE régional suppriment leurs DD sur 80% environ des exportations de l'UE, cela annulait les préférences de sa Décision 'Tout sauf les armes' (TSA) de 2001 reconnaissant aux PMA le libre accès à son marché tout en pouvant continuer à taxer les exportations de l'UE. Et ceci au prétexte de favoriser l'intégration régionale de chaque APE si l'on maintenait des régimes commerciaux différents puisque la libre circulation des produits obligerait les PMA à taxer les importations venant des PED pour ne pas être envahis par les produits que ceux-ci importeraient à droits nuls de l'UE.

Pourtant une solution juridique compatible avec TSA et les règles de l'OMC aurait consisté à déduire du pourcentage à libéraliser dans chaque APE régional celui des exportations de l'UE vers les PMA. Pour l'APE de l'AO 43,5% des exportations de l'UE aux 13 PMA en 2015 auraient été à déduire des 76,2% à libéraliser qui tomberaient donc à 32,7% et, pour la CAE d'Afrique de l'Est, 45,4% des exportations aux 4 PMA en 2015 auraient été à déduire des 82,6% à libéraliser, qui tomberaient donc à 37,2%. Mais l'UE a refusé cette interprétation juridique contrariant par trop ses objectifs commerciaux.

Pourtant la Commission de développement international de la Chambre des Communes du Royaume-Uni (RU) avait défendu cette possibilité le 6 avril 2005 : "*Nous ne pensons pas que les choses devraient être compliquées pour les PMA. L'APE devrait être une véritable option pour les PMA. Et ils ne devraient pas avoir à offrir un*

COMESA. Et de nombreux Etats appartiennent à plusieurs CER, d'où l'appellation de "bol de spaghettis" pour ces multiples affiliations.

accès réciproque au marché de l'UE tant qu'ils n'auront pas perdu leur statut de PMA. L'APE ne devrait pas être en contradiction avec les initiatives d'intégration régionale dans les pays ACP, d'autant plus que la DG Commerce met l'accent sur l'importance de l'intégration régionale"[12].

Au cours du débat le Commissaire au commerce de l'UE, Peter Mandelson, a déclaré que les PMA ne seraient pas plus pénalisés de rejoindre un APE qu'en utilisant l'accord 'Tout sauf les armes' *: "Les pays ACP ne seront pas moins bien lotis qu'en signant les APE. C'est très important. Nous demandons TSA plus, et non TSA moins*". Et le rédacteur de la Chambre des communes en conclut : "*Nous comprenons que 'TSA plus' signifie que les PMA qui choisissent de signer un APE n'auront pas à offrir l'accès réciproque au marché de l'UE*".

On peut objecter que, même avec un taux d'ouverture limité à 32,7% pour l'AO et à 37,2% pour la CAE, il serait nécessaire pour les PMA de taxer les importations venant des PED non PMA. En fait non car le problème serait facilement résolu puisque les lignes tarifaires (LT) à DD nuls représentent précisément 37,4% des 5 274 LT[13] de la CAE si bien que l'ensemble de la CAE n'aurait rien à libéraliser. Et, bien que seules 85 LT de l'AO aient des DD nuls, 2 146 LT, soit 36,4% du total de 5 899 LT, sont taxés

[12] House of Commons International Development Committee, *Fair trade? The European Union's trade agreements with African, Caribbean and Pacific countries*, 6 April 2005, https://publications.parliament.uk/pa/cm200405/cmselect/cmintdev/68/68.pdf.

[13] https://www.theigc.org/wp-content/uploads/2017/11/Sheperd-et-al-2017-policy-paper1.pdf

à 5% et seraient donc à DD nuls dès la première année de la libéralisation, en T5[14].

1.3. La priorité de l'UE est de s'ouvrir des marchés tous azimuts

L'UE n'a pas voulu renouveler les accords non réciproques avec les pays ACP car elle poursuit une stratégie d'accès aux marchés tous azimuts en multipliant ses ALE avec la plupart des pays développés et émergents, afin d'accroître ses exportations tout en garantissant son approvisionnement en matières premières aux prix mondiaux. Une stratégie amplifiée depuis la stagnation des négociations du Cycle de Doha à l'OMC et clairement énoncée dans les documents 'Europe globale' d'octobre 2006 du Commissaire au commerce Peter Mandelson[15] et 'Le commerce pour tous' de juin 2015 de la Commissaire Cecilia Malmström[16]. C'est pourquoi d'ailleurs les APE ont été négociés et gérés par la DG Commerce alors que les Conventions de Lomé avaient été gérées par la DG Développement et Coopération (DEVCO).

Une autre preuve de la priorité donnée à l'accès au marché des pays ACP découle du changement intervenu dans l'article 37 lors de la révision de 2010 de l'Accord de Cotonou, dont la rédaction initiale de 2000 énonçait aux paragraphes 5 et 6 : "*5. Les négociations des accords de partenariat économique seront engagées avec les pays ACP qui s'estiment prêts à le faire, au niveau qu'ils jugent approprié et conformément aux procédures acceptées par*

---

[14] https://www.wto.org/english/tratop_e/tpr_e/s362-00_e.pdf
[15] http://trade.ec.europa.eu/doclib/docs/2006/october/tradoc_130376.pdf
[16] http://trade.ec.europa.eu/doclib/docs/2015/october/tradoc_153846.pdf

le groupe ACP, en tenant compte du processus d'intégration régionale entre les États ACP. 6. En 2004, la Communauté examinera la situation des non-PMA qui décident, après consultation avec la Communauté, qu'ils ne sont pas en mesure de négocier des accords de partenariat économique et elle étudiera toutes les alternatives possibles, afin de pourvoir ces pays d'un nouveau cadre commercial, qui soit équivalent à leur situation existante et conforme aux règles de l'OMC"[17].

Toutefois, si cette disposition a été confirmée dans la révision de 2005, seul le paragraphe 5 (devenu 3) de l'article 37 subsiste dans la révision de 2010, mais le paragraphe 6 sur les alternatives aux APE a disparu : "*Les négociations des Accords de Partenariat Economique se poursuivront avec les pays ACP qui s'estiment prêts à le faire, au niveau qu'ils jugent approprié et conformément aux procédures convenues par le groupe ACP, afin d'appuyer les processus d'intégration régionale entre les États ACP*". Le paragraphe 7 du nouvel article 37 précise seulement que "*Lorsque certains Etats ACP auront conclu un accord de partenariat économique, les autres Etats ACP ne faisant pas partie d'un tel accord pourront demander à y adhérer à n'importe quel moment*", sans alternatives possibles aux APE.

1.4. La DG Commerce a refusé de modifier des APE déjà paraphés

Qui plus est la DG Commerce a systématiquement refusé de discuter de modifications possibles dans les textes

[17] http://eur-lex.europa.eu/legal-content/EN/TXT/?uri=celex:22000A1215(01)

des APE déjà paraphés pour permettre à certains Etats réticents de les signer. C'est le cas d'abord du Nigéria dont la position très ferme de ne pas signer l'APE régional de l'AO en l'état a été exprimée solennellement par le Président Muhammadu Buhari devant l'assemblée plénière du Parlement européen le 3 février 2016[18] à Strasbourg car cela contrarierait par trop son agenda d'industrialisation. Cette position n'a pas changé malgré les multiples pressions exercées sur le Nigéria par la Commission européenne, certains Etats membres de l'UE, les autres Etats de la CEDEAO (sauf la Gambie) et les firmes européennes.

Lors du débat du 13 octobre 2016 de la Commission internationale (INTA) du Parlement européen consacré au projet de ratification de l'APE intérimaire du Ghana (APEi), avec la participation de Mme Hannah Tetteh, ministre des Affaires étrangères[19], celle-ci a souligné clairement qu'il n'est pas question de renégocier l'APE régional qui a été conclu et paraphé par tous les Membres le 10 juillet 2014, la seule chose empêchant sa mise en œuvre étant le délai demandé par le Nigeria pour mieux analyser ses dispositions avant de signer. La Responsable des APE à la DG Commerce, Mme Sandra Gallina, a confirmé la position de la ministre que la Commission européenne n'est pas disposée à renégocier l'APE régional.

---

[18] http://www.nta.ng/2016/02/03/president-buhari-assures-eu-of-nigerias-commitment-to-protection-of-human-rights-calls-for-mutually-beneficial-economic-relations-with-europe/

[19] http://www.europarl.europa.eu/news/en/news-room/20161005IPR45679/committee-on-international-trade-meeting-13102016-(am)

La DG Commerce a opposé le même refus à la demande de la Tanzanie de renégocier l'APE de la CAE pour lui permettre de signer, de même qu'à la demande des cinq Etats de la CEMAC autres que le Cameroun pour leur permettre de signer l'APE de l'Afrique centrale que le seul Cameroun a signé, ratifié et mis en œuvre[20] depuis le 4 août 2014 : "*Comme indiqué dans notre lettre du 19 juillet dernier, nos services sont à votre disposition pour étudier avec vous les modalités d'adhésion à l'accord d'étape qui est mis en œuvre actuellement entre l'UE et le Cameroun. Nous tenons à rappeler qu'il ne peut s'agir par conséquent de relancer les négociations régionales interrompues en 2011 et en particulier de discuter le texte d'un nouvel accord*"[21].

Malgré une nouvelle demande du Président de la Commission de la CEMAC à la DG Commerce le 15 mars 2018, celle-ci a maintenu que l'APE déjà mis en oeuvre par le Cameroun n'était pas renégociable[22].

---

[20] La terminologie des étapes de mise œuvre des traités commerciaux internationaux est complexe: la première est le 'paraphe' du traité par les négociateurs officiels (hauts fonctionnaires) qui confirment son contenu – ce qui a été fait pour l'APE de l'AO le 30 juin 2014 à Ouagadougou –, la seconde la 'confirmation du paraphe', c'est-à-dire de l'intention de finaliser le traité, par les Chefs d'Etat – ce qui a été fait pour l'APE de l'AO le 10 juillet 2014 à Abuja –, la troisième la signature formelle par tous les Chefs d'Etat – ce qui a été fait pour l'APE de l'AO le 12 décembre 2014 par le Conseil des affaires étrangères de l'UE mais 3 Etats de l'AO (Nigéria, Gambie, Mauritanie) ne l'ont toujours pas fait – et cette signature suffit pour que la Commission européenne décide 'l'application provisoire' du traité. Mais la 'mise en œuvre' officielle nécessite la 'ratification' qui, pour l'APE de l'AO, doit être le fait de tous les Etats de l'UE et des deux tiers de ceux de l'AO, la signature du Nigéria étant évidemment indispensable.

[21] https://www.237online.com/article-55428-l-ue-rompt-les-negociations-sur-un-ape-regional.html

[22] https://www.bilaterals.org/?apres-son-retrait-en-2017-l-union

Quant au Parlement européen, sa position a toujours été que, puisque la quasi-unanimité des Etats ACP, notamment de l'AO, ont paraphé les APE, même s'ils ne les ont pas encore tous signés, il ne voit pas comment il pourrait s'y opposer. Car les protestations de la société civile de l'UE comme des pays ACP ne lui sont pas parvenues – pour l'UE parce qu'elle s'est très peu mobilisée contre, accaparée qu'elle était à se mobiliser contre le TAFTA et le CETA – et pour l'AO parce que les Chefs d'Etat n'ont pas voulu la consulter et ont préféré céder aux sirènes des lobbies européens et à leurs antennes locales, notamment des firmes agroalimentaires françaises.

Il s'agit notamment de la Compagnie Fruitière de Robert Fabre qui produit et exporte l'essentiel des bananes et ananas de Côte d'Ivoire (CI), du Ghana et du Cameroun ; du Groupe Mimran qui possédait les Grands Moulins d'Abidjan et de Dakar et la Compagnie sucrière du Sénégal, mais il vient de les céder à un groupe marocain ; de Thai Union Europe et notamment MW Brands à Paris, qui contrôle l'essentiel des exportations de conserves de thon de CI vers l'UE, avec notamment la conserverie de Paul Paulet à Douarnenez (France) sous la marque 'Petit Navire', et j'ai constaté fin novembre 2017 que, dans les supermarchés d'Abidjan, toutes les conserves de thon sont de diverses marques françaises ; du Groupe Bolloré qui contrôle les infrastructures portuaires du Golfe de Guinée et participe à l'exportation des produits vers l'UE, notamment du cacao.

1.5. La DG Commerce est restée sourde aux critiques officielles de certains Etats de l'UE

Au-delà des très nombreuses critiques des ONG de solidarité de l'UE et des pays ACP, les critiques officielles de certains Etats Membres de l'UE n'ont pas manqué contre l'agressivité commerciale de la DG Commerce pour imposer les APE.

La Secrétaire au commerce et à l'industrie du Royaume-Uni (RU), Patricia Hewitt, a fait part le 22 mars 2005 des inquiétudes suscitées par les APE : "*Les APE doivent être conçus pour assurer le développement à long terme, la croissance économique et la réduction de la pauvreté dans les pays ACP. Pour ce faire, nous pensons que dans son travail sur les APE avec les groupes régionaux ACP, l'UE devrait adopter une approche non mercantiliste et ne poursuivre aucun intérêt offensif. Les pays en développement peuvent bénéficier de la libéralisation à long terme, à condition qu'ils disposent de la capacité économique et de l'infrastructure dont ils ont besoin pour commercer de manière compétitive... Chaque groupe régional ACP devrait prendre ses propres décisions concernant le calendrier, le rythme, le séquençage et la couverture des produits de l'ouverture du marché conformément aux plans nationaux de développement et aux stratégies de réduction de la pauvreté de chaque pays... Nous ne forcerons pas la libéralisation du commerce sur les pays en développement, que ce soit par des négociations commerciales ou des aides conditionnelles... Compte tenu de la lenteur de la réforme de la PAC, nous ne pensons pas que les pays ACP devraient être invités à ouvrir leurs marchés à ces produits de l'UE tant que toutes les subventions ayant des effets de distorsion des échanges n'auront pas été supprimées*"[23].

Malheureusement le Livre blanc du RU sur le commerce de janvier 2018, qui tient compte du Brexit, écrit : "*Sur les APE, nous avons tenu compte des souhaits de nos partenaires pour la continuité et nous chercherons à reproduire les effets de ces accords lorsque le Royaume-Uni quittera l'UE. Notre approche prend aussi en considération les avantages à long terme offerts par les APE, reconnaissant le besoin de partenariats bilatéraux plus mûrs à mesure que les pays progressent vers le statut de pays à revenu intermédiaire et fournissent un message de continuité fort aux entreprises*"[24].

La Délégation de l'Assemblée Nationale française pour l'Union européenne a adopté à l'unanimité le 5 juillet 2006 le long rapport sur les APE du député Jean-Claude Lefort, avec les conclusions suivantes (entre autres) : "*1. Est gravement préoccupée par le fait que la mise en oeuvre du libre-échange, malgré les précautions actuellement envisagées par la Commission européenne, entraînera un choc fiscal, agricole, industriel et sur la balance des paiements d'une telle ampleur pour nos partenaires, qu'il pourrait compromettre la réalisation des Objectifs du Millénaire pour le Développement, alors que l'Afrique subsaharienne souffre, dans ce domaine, de retards si inquiétants qu'ils constituent une menace pour la paix et la stabilité internationales ; 2. Estime que si les négociations se poursuivent dans la même voie, l'Union européenne*

---

[23] http://webarchive.nationalarchives.gov.uk/20090609014244/ http://www.berr.gov.uk/files/file9845.pdf

[24] https://www.gov.uk/government/uploads/system/uploads/attachment_data /file/671953/Trade_White_Paper_response_FINAL.pdf

commettrait une erreur stratégique, politique, économique et sociale à l'égard des pays ACP, qui se paiera par l'effritement d'une relation indispensable à la construction d'un monde plus sûr et plus juste et au rayonnement ainsi qu'au poids de l'influence européenne"[25].

Commentant son rapport du 15 juin 2008 sur les APE au Président de la République française Nicolas Sarkosy, Christiane Taubira a résumé ses conclusions dans une interview du 7 juillet 2008 au Journal du Dimanche : "*Les APE sont des accords de commerce et non de développement. La Commission l'assume. Mais je ne pense pas que le libre-échange puisse mener au développement. Il n'y a pas d'exemple d'ouverture de marché qui ait conduit au développement. Les APE vont supprimer toutes les protections. En ouvrant complètement les marchés, on supprime non seulement les protections mais en plus on désarme les Etats. On les prive de recettes, de possibilités budgétaires et d'intervention dans l'économie... Il ne s'agit plus de débloquer des enveloppes d'aide alimentaire. Même la Banque mondiale et le FMI débloquent aujourd'hui des enveloppes. Pendant 25 ans, ces institutions ont foutu les pays du sud à genoux, avec leur politique d'ajustement structurel, et aujourd'hui, elles donnent des aides d'urgence. Il faut arrêter de se foutre du monde. Les gens crèvent de faim !*"[26].

Malheureusement, comme au RU, l'Assemblée nationale française a approuvé le 25 juin 2015 la ratification de

[25] http://www.assemblee-nationale.fr/12/europe/rap-info/i3251.asp

[26] Christiane Taubira, "*Les gens crèvent de faim*", 7 juillet 2008, http://www.abcburkina.net/fr/nos-dossiers/les-ape/637-taubira-les-gens-crevent-de-faim

l'APEi de CI, sur la base de positions politiques non étayées par des analyses approfondies[27].

Quant à l'Allemagne, Günter Nooke, Commissaire pour l'Afrique de la Chancelière allemande Angela Merkel, "*a critiqué sévèrement l'accord de libre-échange de l'UE avec plusieurs pays africains, affirmant que l'APE contrecarre les efforts de la politique de développement de l'Europe*"[28].

Le 19 mars 2012 l'ancien Gouverneur de la Banque centrale du Nigéria, le Professeur Chukhuma Soludo, a averti que signer des APE conduirait l'Afrique à un 'second esclavage'[29].

Le Président du Ghana, Nana Akufo-Addo, a déclaré au Président français Emmanuel Macron le 30 décembre, lors de sa visite à Accra à l'issue du Sommet UE-Union Africaine (UA) d'Abidjan : "*On ne peut plus poursuivre, pour nos pays et régions, une politique basée sur le soutien donné par l'Occident, la France ou l'Union européenne. Cela n'a pas marché et ne marchera pas*"[30].

La conférence de la Confédération Internationale des Syndicats (ITUC) tenue à Lomé les 9 et 10 octobre 2017 a conclu que "*Les négociations d'APE en cours doivent cesser, les APE signés ne doivent pas entrer en vigueur sous leur forme actuelle et les APE intérimaires doivent être révoqués*"[31].

---

[27] http://www.assemblee-nationale.fr/14/rapports/r2889.asp#P185_44359

[28] https://www.euractiv.com/section/development-policy/news/eu-africa-free-trade-agreement-destroys-development-policy-says-merkel-advisor/

[29] https://www.vanguardngr.com/2016/11/eus-epa-strategy-detrimental-africa-ecowas-farmers/

[30] https://www.euractiv.com/section/development-policy/news/ghanas-president-surprised-macron-with-a-clear-rejection-of-development-aid/

[31] https://www.bilaterals.org/IMG/pdf/re%CC%81sultats_de_la_confe%CC%81rence_syndicale_sur_les_accords_de_partenariat_e%CC%81conomique_-sommet_afrique_europe_novembree_2017.pdf

II. La ratification des APE intérimaires de Côte d'Ivoire et du Ghana torpille l'objectif de l'intégration régionale de l'Afrique de l'Ouest

Tout comme l'Accord de Cotonou, le préambule et les premiers articles des APE régionaux, dont celui de l'AO, ont multiplié les références à l'objectif premier de renforcer leur intégration régionale. Pour l'APE de l'AO notamment l'article 4 stipule : "*1. Les Parties reconnaissent que l'intégration régionale est un élément essentiel de leur partenariat et un instrument puissant pour réaliser les objectifs du présent Accord et conviennent de la soutenir vigoureusement. 2. Aux fins visées au paragraphe 1, la Partie Union européenne contribue, selon les dispositions prévues dans la partie III aux moyens d'une assistance technique et financière aux efforts de la région en matière d'intégration, notamment la réalisation de l'union douanière et du marché commun*"[32].

[32] http://data.consilium.europa.eu/doc/document/ST-13370-2014-ADD-1/fr/pdf

2.1. La Commission européenne feint de croire que le Nigéria finira par signer l'APE

Pourtant les institutions de l'UE – Commission, Conseil et Parlement – ont accepté dès la fin 2007 la signature d'APE intérimaires (APEi) avec certains PED non PMA, dont ceux de Côte d'Ivoire[33] (CI) et du Ghana[34]. Le préambule de l'APEi de CI dispose : "*EN ATTENDANT la signature d'un accord de Partenariat Economique global entre l'Afrique de l'Ouest et l'Union Européenne devant assurer le développement et l'intégration soutenu et harmonieux de la Région Afrique de l'Ouest ; REAFFIRMANT leur engagement de soutenir le processus d'intégration régionale au sein de l'Afrique de l'Ouest, et en particulier de promouvoir l'intégration économique régionale comme instrument essentiel pour leur intégration dans l'économie mondiale, en les aidant à relever les défis de la mondialisation et à réaliser le développement économique et social qu'ils visent*". Le préambule de l'APEi du Ghana est semblable.

La dernière position officielle argumentée du Nigéria est exprimée dans le rapport du Nigéria à l'OMC du 17 octobre 2017, dans le cadre de l'Examen des politiques commerciales : "*Le Nigéria accorde la plus grande importance à ses relations économiques et commerciales avec l'Union européenne (UE) et tous ses Etats membres. Toutefois le Nigéria a fait savoir à l'UE qu'il ne signerait ni ne ratifierait l'Accord de partenariat économique de l'Union européenne (APE) de la CEDEAO sous sa forme*

[33] http://eur-lex.europa.eu/legal-content/EN/TXT/?uri=CELEX:22009A0303%2801%29

[34] http://eur-lex.europa.eu/legal-content/EN/TXT/?uri=uriserv:OJ.L_.2016.287.01.0003.01.ENG

actuelle. Dans cette circonstance, des mesures appropriées, y compris des règles d'origine, sont requises dans la mise en œuvre du TEC de la CEDEAO afin d'éliminer le détournement des échanges et/ou la déviation commerciale. Le Nigeria est en pourparlers avec l'UE à plusieurs niveaux, avec la Commission européenne et plusieurs de ses États membres. Le Nigeria reste en contact et est en contact exploratoire à plusieurs niveaux"[35]. En juin 2017, lors du débat sur l'examen de la politique commerciale du Nigeria, à la question de la Turquie lui demandant de préciser ses positions sur l'APE, le représentant du Nigéria a détaillé les 10 griefs faits à l'APE qui contrarieraient ses objectifs de développement[36].

Surtout le Président Buhari a très explicitement confirmé le 9 avril 2018 au nouvel ambassadeur de l'UE au Nigéria, Ketil Iversen Karlsen, venu lui présenter ses lettres de créance que "*Le Nigéria a refusé de signer l'APE avec les autres pays de la CEDEAO parce qu'elle a besoin de protéger son économie, en particulier ses industries et les petites entreprises qui procurent des emplois actuellement à la plupart des Nigérians et notamment à sa jeunesse*"[37]. Il n'a fait que répéter ce qu'il avait déjà déclaré solennellement le 3 février 2016 à l'assemblée plénière du Parlement européen de Strasbourg.

Malgré cette position très ferme du Nigéria et le refus de la DG Commerce de modifier le texte de l'APE de

[35] https://www.wto.org/english/tratop_e/tpr_e/g356_e.pdf
[36] https://www.wto.org/french/tratop_f/tpr_f/tp456_f.htm
[37] https://www.thisdaylive.com/index.php/2018/04/10/buhari-l-declined-signing-regional-economic-pact-to-protect-local-industries-youths-fg-au-to-resume-afcfta/

l'AO, le Parlement européen a donc ratifié l'APEi du Ghana le 30 novembre 2016 et il est mis en oeuvre depuis le 15 décembre 2016. Il avait ratifié l'APEi de CI dès le 25 mars 2009 mais le Parlement ivoirien ne l'a ratifié que le 12 août 2016 et il est mis en oeuvre depuis le 3 septembre 2016[38].

2.2. Les fortes différences de droits de douane des APEi de Côte d'Ivoire et du Ghana et du TEC de la CEDEAO

La Commission européenne s'est entêtée à croire que le Nigéria finira par céder et que l'APE régional sera finalisé. En attendant, la CI comme le Ghana continuent d'appliquer le TEC (tarif extérieur commun) théoriquement en vigueur depuis le 1er janvier 2015 – même s'il n'est pas encore pleinement opérationnel dans tous les Etats – au lieu des DD de leurs APEi, comme le confirme un texte de la Commission européenne de fin 2016 concernant la CI : "*Marchandises non-libéralisées dans l'APE intérimaire : la Côte d'Ivoire a exclu un certain nombre de produits agricoles et de produits transformés non agricoles de la libéralisation. Il s'agit essentiellement d'assurer la protection des marchés agricoles et des industries sensibles, mais également de maintenir des rentrées fiscales. Par exemple, le poulet congelé et autres viandes, les oignons, le sucre, le tabac, la bière, certains ciments et la plupart des textiles sont exclus de la libérali-*

[38] Voir l'analyse de SOL sur "*L'absurde APE intérimaire de Côte d'Ivoire*" du 31 mars 2018 :
https://www.sol-asso.fr/wp-content/uploads/2017/01/Labsurde-APE-int%C3%A9rimaire-de-C%C3%B4te-dIvoire-SOL-31-mars-2018.pdf

sation. Lors de leur entrée sur le marché ivoirien, ces importations continueront à être taxées au taux normal (le Tarif Extérieur Commun de la CEDEAO)"[39].

Pourtant l'utilisation jusqu'à présent du TEC de l'AO (en fait de la CEDEAO, auquel la Mauritanie va adhérer) au lieu des DD des APEi est contraire à la clause de statu quo de l'article 15 des APEi de CI et du Ghana : "*Aucun nouveau droit de douane à l'importation ne sera introduit sur les produits couverts par la libéralisation entre les Parties et ceux actuellement appliqués ne seront pas augmentés à partir de la date d'entrée en vigueur de l'Accord. Nonobstant le paragraphe 1, dans le cadre de la finalisation de la mise en place du tarif extérieur commun de la CEDEAO, la Côte d'Ivoire [le Ghana] pourra réviser jusqu'au 31 décembre 2011 ses droits de douane de base s'appliquant aux marchandises originaires de l'Union européenne dans la mesure où l'incidence générale de ces droits n'est pas plus élevée que celle résultant des droits spécifiés à l'Annexe 2*".

Et que va-t-il se passer à partir du début de la libéralisation des APEi, sachant que : 1) les calendriers de libéralisation des DD des 2 APEi sont différents ; 2) toutes les lignes tarifaires (LF), ou codes, de l'APEi du Ghana sont à 6 chiffres (SH6) contre 10 chiffres pour l'APEi de CI comme pour l'APE de l'AO ; 3) les DD sont différents pour de nombreux produits aussi bien les DD de départ que ceux en fin de libéralisation ; 4) inversement certains produits à faible DD (de 5% ou 10%) seront exclus de la libéralisation dans l'APEi de CI. Illustrons ces points par des exemples.

---

[39] http://trade.ec.europa.eu/doclib/docs/2017/february/tradoc_155315.pdf

2.2.1. Différence dans les calendriers de libéralisation

La première remarque est qu'il y a une contradiction dans le calendrier de libéralisation affiché à l'annexe 2 de l'APEi de CI entre l'annonce "*Pour les produits du groupe A la libéralisation s'étend du 1er janvier 2008 au 31 décembre 2012, soit pendant une période de cinq ans*", et le long tableau de libéralisation par LT qui suit où l'on voit que certaines LT sont libéralisées dès 1 an et demi après le début de la mise en eouvre pour certains produits, donc dès le 3 février 2017.

Alors que, avec le TEC de la CEDEAO, tous les produits du groupe A – autres que ceux à DD nuls qui restent nuls aussi avec l'APEi – sont libéralisés en T5 seulement, avec l'APEi de CI les pertes de DD en valeur FAB[40] de l'UE28-RU auraient dû commencer le 3 février 2017 (T1) pour 46 272 €, et seront déjà significatives le 3 septembre 2018 (T2), à 3,610 millions d'euros (M€), puis seront très importantes en T3 (30,4 M€, soit 62,1% des pertes de DD du groupe A) et T4 (62,7 M€, soit 78,5% des pertes de DD du groupe A).

Or, parmi ces produits libéralisés de T1 à T4 il y a surtout des intrants et biens d'équipement qui réduiront le coût de production des produits finis de la CI. La plupart des biens d'équipement, relevant le plus souvent du chapitre 84 du SH et qui sont taxés à 5%, seront libéralisés en T3, ce qui réduira beaucoup la compétitivité des produits des autres Etats de l'AO. Cela affectera notamment celle des produits agricoles, dont les intrants, notamment les

---

[40] FAB (franco à bord) : prix d'un produit au lieu (port, aéroport, gare) du pays d'exportation. CAF (coût, assurances, fret) : prix d'un produit arrivé au lieu du pays d'importation, avant droits de douane.

engrais, qui seront libéralisés en T2 ou T3, ce qui devrait remettre en cause leur libre circulation sans nécessiter de certificat d'origine selon les règles d'origine actuelles de la CEDEAO.

Une nouvelle contradiction ressort de la deuxième réunion du Comité APE CI-UE des 21 et 22 mars 2018 où il est dit que "*La partie UE a pris note du calendrier de démantèlement tarifaire présenté par la partie ivoirienne et qui prévoit le démarrage du démantèlement tarifaire en janvier 2019*"[41]. Malgré cette modification du calendrier de démantèlement des DD de la CI, acceptée par le représentant de la Commission européenne, par rapport à l'offre tarifaire ratifiée par le Parlement européen et le Conseil de l'UE, on s'en tiendra au texte légal ayant prévu que le démantèlement aurait déjà été amorcé le 3 février 2017 et serait significatif dès le 3 septembre 2018.

Par contre le démantèlement tarifaire débutera en T5 seulement pour l'APEi du Ghana (le 15 décembre 2021) même si le texte initial de l'APEi de fin décembre 2007 avait prévu que la libéralisation pour le groupe A des produits taxés à 5% se ferait en 5 tranches annuelles dès T1, ce qui a été modifié en 2008 par la libéralisation totale de ce groupe A en T5.

2.2.2. Toutes les lignes tarifaires de l'APEi du Ghana sont à 6 chiffres (SH6)

Elles sont bien moins précises que les lignes tarifaires (LT) à 10 chiffres de l'APEi de CI comme de l'APE de l'AO, qui sont identiques sauf les LT passées dans la cinquième bande de DD à 35% dans le TEC de l'AO en

---

[41] http://trade.ec.europa.eu/doclib/docs/2018/march/tradoc_156659.pdf

vigueur depuis le 1er janvier 2015. Par exemple pour l'APEi du Ghana le code 040210 (lait en poudre maigre, de moins de 1,5% de matière grasse, avec ou sans addition de sucre) et le code 040229 (lait en poudre à plus de 1,5% de matière grasse, avec addition de sucre) sont taxés à 20% et ne seront libéralisés totalement qu'en T20 tandis que, dans l'APEi de CI et dans l'APE régional, les codes à 10 chiffres correspondants ne sont taxés qu'à 5% et seront libéralisés dès T5.

2.2.3. Les DD sont différents pour de nombreux produits aussi bien les DD de départ que ceux en fin de libéralisation

Aucune LT sur le coton (chapitre 52) autre que le coton brut non transformé (code 5201) n'est exclue de la libéralisation dans l'APEi du Ghana alors que toutes les LT (autres que le coton brut) sont exclues dans l'APEI de CI et l'APE de l'AO. Le code 5208110000 (tissus de coton, au moins 85% de coton, écrus, à armure toile, d'un poids n'excédant pas 100 g/m2) qui est taxé à 10% en CI sera donc exclu de la libéralisation tandis que le code 520811 du Ghana, taxé à 20%, sera totalement libéralisé en T20.

Toutes les viandes de volaille sont exclues de la libéralisation dans l'APEi du Ghana comme dans l'APE de l'AO alors que l'APEi de CI n'exclut que les viandes congelées et libéralise celles fraiches ou réfrigérées, en T20 pour la viande de poulet et en T15 pour celles de dinde, oie et canard.

Le meilleur exemple des différences dans les DD entre l'APE de l'AO et les APEI de Ci et du Ghana ainsi que ceux d'Eurostat concerne ceux sur la poudre de lait réengraissée en huile de palme ou de colza (en anglais "fat-filled milk powder"), dite aussi poudre de lait végétale, car ces huiles solides sont moins chères d'environ un tiers à la matière grasse du lait (beurre ou crème). En effet le prix FAB de la FFMP (représenté semble-t-il par le code 19019099) exporté par l'UE en AO en 2017 était inférieur de 47,2% au prix du lait en poudre entier.

D'où l'explosion des exportations de FFMP vers l'AO, qui ont vraisemblablement été multipliées par 2,1 entre 2010 et 2017 (de 123 407 tonnes à 258 424 tonnes), contre une baisse de 53% pour le lait entier en poudre (de 61 769 tonnes à 32 905 tonnes). On écrit 'semble-t-il' et 'vraisemblablement' parce que le montant précis n'est connu de personne en l'absence d'un code unique pour l'identifier, de sorte qu'Eurostat a demandé au cabinet de conseil GIRA de faire une recherche et de proposer un code unique, même si Paul Goodison considère que le code 190190 est totalement dédié au FFMP[42].

Dans l'APE de l'AO les importations sous le code 1901901000 avec le libellé "*Préparations de lait contenant des corps gras végétaux et huiles, en poudre ou granulés, en emballages de 25 kg ou plus*" et le code 1091902000 avec le même libellé mais pour les emballages de 12,5 à 25 kg sont classés dans le groupe A des produits libéralisés en T5. Par contre les importations sous le code 19019099 sont classées dans 'autres' dans le groupe D des produits exclus taxés à 20%. En outre l'huile de palme raffinée est taxée à 35% dans la catégorie D des produits exclus de la libéralisation, quel que soit le poids des emballages. Mais le principal problème est que l'on n'a pas les données des importations de l'AO sous ces

[42] http://epamonitoring.net/

codes mais seulement celles des exportations de l'UE pour lesquelles les codes d'Eurostat sont différents.

De son côté l'APEi de CI prévoit un DD de 5% dans le groupe C (qui n'est libéralisé qu'au bout de 13 ans) pour le code 1901900010 dont l'intitulé est "*Préparations à base de lait contenant des matières grasses végétales en poudre ou en granulés conditionnées en emballages de 25 kg ou plus*", sachant que l'huile de palme raffinée est taxée à 20%, conditionnée ou non pour la vente au détail (d'un contenu de 5 litres au plus). Par contre comme le Ghana n'a que des codes à 6 chiffres tous les produits du code 190190 (qui contient d'autres produits que la poudre de lait réengraissée) sont taxés à 10% en catégorie B et le DD tombe à 5% en T9 et à 0 en T10. De même le Ghana n'a que 2 codes à 6 chiffres pour l'huile de palme qui est aussi taxée à 10% en catégorie D exclue de la libéralisation.

Alors que, dans l'APEi du Ghana et dans l'APE de l'AO seules les LT à 5% de DD (classés en catégorie A) passent à 0 dès le début de la libéralisation (en T5), dans l'APEi de CI un grand nombre de LT à 10% et même à 20% sont classées aussi en catégorie A et passent à 0 en T3, et parfois même en T1 (3 septembre 2018). Ainsi les pertes de DD des produits taxés à 10% et 20% représentent 80% des pertes de DD du groupe A de l'APEi de CI contre 20% seulement pour les produits taxés à 5%. Par exemple dans l'APEi de CI le code 0105990000 (canards, oies, dindons, dindes et pintades vivants, d'un poids excédant 185 g) dont le DD est de 20% passera à 0 en T2, de même que le code 5109900000 concernant les fils de laine. Les vêtements en caoutchouc vulcanisé (code 4015900000), les papiers peints (code 4814900000), les chemises en papier pour dossiers (code 4020300000) ou les tissus en soie (code 5007200000) passeront de 20% à 0 en T3.

2.2.4. Inversement certains produits à faible DD (de 5% ou 10%) seront exclus de la libéralisation dans l'APEi de CI

Alors que la très grande majorité des produits exclus dans l'APEi du Ghana et dans l'APE de l'AO sont taxés à au moins 20%, de nombreux produits taxés à 5% ou 10% le sont dans l'APEi de CI. Par exemple alors que le code 1006101000 concernant le riz paddy de semence sera libéralisé en T3 en CI (en T5 dans l'APE de l'AO) le code 1006109000 concernant le riz paddy autre que de semence taxé à 5% sera exclu. Mais, comme l'APEi du Ghana n'a que des codes à 6 chiffres, le code 100610 à 20% restera exclu.

2.2.5. Toutes ces différences dans le calendrier de libéralisation et le niveau des DD de CI et du Ghana conduiront à des exportations de contrebande

Le plus souvent elles se feront de CI vers le Ghana, et parfois dans l'autre sens lorsque certaines LT du Ghana sont supérieures, et bien sûr vers les autres Etats de la CEDEAO compte tenu du laxisme de ses règles d'origine, particulièrement pour les produits agricoles, et de la 'compréhension' des douaniers, qui sera encouragée par les contradictions dans les niveaux de DD. Cette compréhension des douaniers de l'AO est soulignée dans de nombreux rapports officiels et d'ONG, notamment dans le rapport de l'OMC sur le suivi des politiques commerciales de l'UEMOA de septembre 2017[43] et dans le rapport du

[43] https://www.wto.org/french/tratop_f/tpr_f/tp462_f.htm

Hub de l'USAID pour l'Afrique de l'Ouest de septembre 2017[44]. Les APEi de CI et du Ghana sont ainsi une machine de guerre contre l'intégration régionale, pourtant objectif majeur de l'APE régional.

2.2.6. Mais le plus gros point d'interrogation est de savoir combien de temps la CI et le Ghana vont appliquer le TEC de la CEDEAO

Car le TEC CEDEAO est distinct du même TEC avec APE puisqu'il n'y a pas de produits libéralisés en l'absence d'APE. La CI ne devrait plus appliquer le TEC de l'AO au-delà du 3 septembre 2018 ni le Ghana au-delà du 15 décembre 2021 pour leurs importations venant de l'UE ou alors cela signifierait qu'ils n'appliqueront pas leur obligation de commencer à ouvrir leur marché aux exportations de l'UE, et là les exportateurs de l'UE comme la DG Commerce ne seront sûrement pas d'accord.

Il est donc nécessaire que la CEDEAO comme l'UE prennent officiellement acte avant le 3 septembre 2018 – ils auraient même dû le faire avant le 3 février 2017 puisqu'un nombre limité de LT auraient déjà dû être libéralisées – que l'APE régional ne sera jamais finalisé, comme le Président Buhari du Nigéria l'a confirmé le 9 avril 2018, sinon la CI ne serait pas obligée de commencer à ouvrir son marché aux exportations de l'UE. Et, puisque le Ghana ne devrait commencer à ouvrir son marché à l'UE que le 15 décembre 2021, la contrebande continuera ainsi que la désintégration régionale. Cela remettra en

---

44 https://www.watradehub.com/wp-content/uploads/2017/08/COO-study-report-final.pdf

question les perspectives d'investissement et de compétitivité dans les filières, notamment agricoles, de tous les Etats de la CEDEAO qui comptaient maintenir encore longtemps une protection de 35% sur les produits sensibles dans l'espoir d'une finalisation de l'APE régional.

A moins que, par miracle, ces déstabilisations en chaine et la désintégration économique et politique de l'AO n'amènent la Commission européenne à renoncer à appliquer les APEi et l'APE régional, ne serait-ce qu'en accordant le statut de SPG+ à la CI, au Ghana et au Nigéria. L'octroi du régime SPG+ à ces pays ne dépend que de la volonté politique de l'UE puisqu'ils ont signé ou ratifié les 27 conventions internationales requises, si ce n'est celle sur l'âge minimum d'accès à l'emploi pour le Ghana[45], ce qui ne lui poserait pas de problème de signer, même si son application est une autre chose, comme on le constate aussi en CI pour le travail des enfants sahéliens dans les plantations de cacao.

Mais l'UE a refusé en 2008 d'accéder à la demande du Nigéria parce qu'il n'avait pas ratifié la Convention internationale sur le génocide, ce qu'il a fait en 2009 où une nouvelle demande du Nigéria est restée sans réponse. Car accorder le GSP+ au Nigéria est une pilule trop amère à avaler, qui ruinerait l'objectif de la DG Commerce de lui faire signer l'APE régional. Ce qui lui permettait aussi de faire pression sur la CI et le Ghana pour qu'ils ne demandent pas ce statut mais ratifient leurs APEi dans l'attente de la signature du Nigéria sur l'APE régional.

---

[45] https://www.cepa.org.gh/resources/Ghana74.pdf

III. L'UE a refusé de diffuser trois évaluations commanditées de l'APE d'Afrique de l'Ouest

La DG Commerce a refusé de diffuser les trois dernières évaluations de l'impact de l'APE de l'AO qu'elle avait financées car leurs conclusions étaient négatives pour l'AO, mais elles ont été fuitées[46]. La Commissaire au commerce Cecilia Malmström a répondu le 7 juillet 2016 à une demande de clarification adressée par l'ONG CRIDEV le 16 mai 2016, que "*Les deux premières études, réalisées par ITAQA en 2008 et 2012, ont été commanditées par la Commission de la CEDEAO*" et que "*ces études sont désormais obsolètes*", ce qui est faux puisque 'commanditées' signifie 'payées' en droit français.

En effet d'une part le logo de la Commission européenne figure en tête des deux rapports d'ITAQA d'avril 2008 et avril 2012, à côté des logos d'ITAQA et de la CEDEAO, et le rapport d'avril 2008 précise : "*à la demande expresse de l'Union Européenne ce mandat a été élargi afin de couvrir également l'analyse des conséquences à long terme de la signature d'éventuels*

[46] http://www.bilaterals.org/?four-impact-studies-of-the-west&lang=en. En fait la quatrième étude, de l'Université d'Ibadan, n'a pas été financée par la DG Commerce, mais elle a refusé aussi de la mentionner.

d'accords de partenariat économique entre les pays de la CEDEAO et l'Union Européenne".

D'autre part le journaliste sénégalais Mohamed Gueye a confirmé le 1er septembre 2008 dans Le Quotidien que "*La Commission européenne, après avoir commandité une étude sur les conséquences des Accords de partenariat économique (Ape) dans la région Afrique de l'Ouest (Cedeao, Communauté économique des Etats de l'Afrique de l'Ouest), ne veut absolument pas entendre parler des résultats de celle-ci. Au point que les consultants, qui avaient été choisis d'un commun accord avec la Commission de la CEDEAO, courent toujours derrière leur argent. Leur malheur ? Avoir conforté la thèse de ceux qui ont toujours affirmé que les APE n'étaient pas bons pour les économies des pays en développement*"[47].

Il s'agit d'une affirmation confirmée par trois chercheurs de CI ayant contribué à l'étude. L'un m'a écrit : "*Il y a eu beaucoup de débats entre les parties Afrique de l'ouest et UE sur ces rapports. Au début, la partie européenne avait placé le débat sur le plan théorique et technique pour contester les résultats. Mais, face aux arguments défendus par l'Afrique de l'ouest et confirmés par ceux du Prof Decaluwé, ils ont dû replacer le débat sur un autre terrain que celui purement scientifique*", et l'autre chercheur m'a écrit : "*Il y avait un biais manifeste, dès le départ, dans les objectifs recherchés par ce travail commandité, que nous avions pointé du doigt !*".

[47] Mohamed Gueye, *APE - Un modèle pour l'étude des Accords : Le Rapport que l'Europe refuse de reconnaître*, 9 septembre 2008. Toutefois le lien initial ne fonctionne plus (http://www.plateforme-ane.sn/APE-Un-modele-pour-l-etude-des.html) mais vous pouvez me demander l'article.

Quant à l'étude de l'IFPRI de janvier 2016, la Commissaire Malmström écrit au CRIDEV : "*Le rapport de l'IFRI de janvier 2016 que vous mentionnez n'a pas été transmis à mes services*", alors que l'IFPRI écrit en avant-propos : "*Cette étude a été préparée à la demande de l'économiste en chef de la DG Commerce pour fournir une analyse économique en soutien aux négociations commerciales et aux questions de politique commerciale liées à l'Accord de Partenariat Economique entre l'UE et le groupe de l'Accord de Partenariat Economique de l'Afrique de l'Ouest*"[48].

[48] http://www.ifpri.org/publication/european-unionwest-africa-economic-partnership-agreement

IV. Les contre-vérités sur l'aide au développement de l'APE d'Afrique de l'Ouest

4.1. Le PAPED n'est qu'un réétiquetage des fonds traditionnels d'aide de l'UE

La DG Commerce a affirmé à de nombreuses reprises que le programme d'aide à l'APE (PAPED) accordera 6,5 milliards d'euros (Md€) à l'AO de 2015 à 2020 alors que la DG développement et coopération (DEVCO) a souligné en juin 2015 qu'il s'agit d'un simple reciblage des aides déjà programmées par le FED (Fonds européen de développement), la BEI (Banque européenne d'investissement) et des fonds normaux de la Coopération de l'UE et qu'il n'y a donc pas de fonds additionnels spécifiques pour l'APE[49].

Le rapport du 25 novembre 2016 de Jacques Gallezot sur 'L'Observatoire de la compétitivité dans le cadre de l'APE UE-AO'[50] a reconnu cette triple source de financement et la DG Commerce l'a enfin reconnu le 29 novembre 2017 : "*Le Conseil des ministres a décidé le 17 mars 2014 d'allouer au moins 6,5 milliards d'€ au*

[49] https://ec.europa.eu/europeaid/sites/devco/files/epa-brochure_en.pdf
[50] http://trade.ec.europa.eu/doclib/docs/2017/february/tradoc_155303.pdf

PAPED, en utilisant tous les instruments financiers disponibles, y compris ceux des Etats Membres de l'UE et de la BEI"[51].

Parmi les pressions exercées récemment sur le Nigéria pour l'amener à signer, l'ambassadeur de l'UE au Nigéria et à la CEDEAO, Michel Arrion, a déclaré que l'UE s'engage à financer le PAPED à hauteur de 6,5 Md€ tous les 5 ans jusqu'en 2035[52]. Une promesse sans fondement puisque l'Accord de Cotonou expire en 2020 et que l'on ne sait s'il sera renouvelé et avec quel budget, et en tout cas pas jusqu'en 2035 puisque le Budget de l'UE n'est programmé que jusqu'en 2020. Sans oublier que le Royaume-Uni (RU), qui va quitter l'UE, contribue pour 14,5% au 11e FED qui n'est pas un budget de l'UE mais est financé par les Etats membres.

Dans le document précité du 29 novembre 2017, la DG Commerce a fait la même promesse non contraignante que "*L'UE a accepté de continuer à aider l'Afrique de l'Ouest durant tout le processus de mise en œuvre si bien que le soutien de l'UE continuera aussi au-delà de 2019... Le soutien de l'UE se centrera sur les échanges, l'agriculture, l'infrastructure, l'énergie et le renforcement des capacités pour la société civile. Le montant alloué correspond aux besoins existants, comme l'ont estimé les Autorités d'Afrique de l'Ouest*", une affirmation toute gratuite.

De même pour l'APE UE-CAE, selon SEATINI, "*L'article 75.4 de l'APE CAE-UE stipule que toute coopé-*

---

[51] http://trade.ec.europa.eu/doclib/docs/2014/july/tradoc_152694.pdf

[52] http://leadership.ng/news/496017/eu-appeals-fg-ratify-economic-partnership-agreement; http://www.bilaterals.org/?eu-threatens-to-stop-market-access

ration au développement ou soutien à la matrice de développement de l'APE sera assurée et mise en œuvre par les mécanismes existants de l'UE, en particulier le Fonds européen de développement (FED) et dans le cadre des instruments pertinents successifs financés par le budget général de l'UE. Par conséquent, il est évident qu'il n'y a pas d'engagement pour des ressources supplémentaires dans l'APE CAE-UE"[53].

4.2. La non-crédibilité d'aides de l'UE pour combler l'impact fiscal net de l'APE

Une promesse tout aussi gratuite découle de l'article 60 de l'APE de l'AO que "*L'Afrique de l'Ouest s'engage à mettre en place des réformes fiscales dans le cadre de la transition fiscale induite par la libéralisation. L'Union européenne s'engage à apporter un appui à l'Afrique de l'Ouest dans la mise en œuvre de ces réformes. Compte tenu de ces réformes, l'Union européenne s'engage à apporter des ressources financières pour la couverture de l'impact fiscal net agréé entre les parties, relatif à la période de démantèlement tarifaire*"[54].

Mais comment l'AO pourrait-elle mettre en place des réformes fiscales compensant les énormes pertes de recettes douanières (RD) à l'importation – droits de douane (DD) et TVA – et les pertes de compétitivité de ses entreprises liées à l'ouverture de son marché à 76,2% de ses importations venant de l'UE-RU (pour tenir compte du Brexit). Ce pourcentage a été établi par SOL sur la base

[53] SEATINI, *The EAC-EU EPA: Tanzania is raising pertinent issues*, 4 March 2017, http://www.bilaterals.org/?the-eac-eu-epa-tanzania-is-raising

[54] http://data.consilium.europa.eu/doc/document/ST-13370-2014-INIT/fr/pdf

des importations de 2015 venant de l'UE-RU, mais qui augmentera beaucoup avec le détournement des échanges au profit de l'UE puisque les importations venant des pays tiers continueraient à être taxées. Et ceci alors même que l'APE interdit d'augmenter les taxes à l'exportation sans l'accord de l'UE (article 13), qu'elles dépassent les DD à l'importation en CI et Guinée Bissau, et que la population de l'AO augmenterait de 64% de 2017 à 2037 et de 118% d'ici 2050.

Le rapport de Jacques Gallezot sur l'Observatoire de la compétitivité dans l'APE AO est plus directif : "*Il faudra améliorer la gestion des recettes et des dépenses publiques afin de pallier les pertes temporaires de recettes fiscales. Il s'agit notamment sur ce point d'assurer la nécessaire transition fiscale, et notamment le développement de la fiscalité intérieure avec une réduction importante des exonérations, d'optimaliser le système de collecte, de lutter contre la fraude douanière et portuaire. Il s'agira également de renforcer le contrôle des recettes et des dépenses publiques. L'impérieuse nécessité de rationaliser la gestion des deniers publics de l'Etat en lien avec la mise en œuvre de l'APE doit stimuler les Etats de la région à identifier et mettre en œuvre les réformes pertinentes et nécessaires pour une intégration progressive et durable dans l'économie mondiale*". Sachant bien entendu que cette "*intégration progressive et durable dans l'économie mondiale*" implique une baisse des DD !

Tout en reconnaissant à l'article 102 du texte de l'APE UE-CAE que l'aide financière de l'UE proviendra des trois sources – 11e FED, BEI et Budget de coopération de l'UE –, l'article 100 fait les mêmes promesses de couverture des pertes de recettes liées à l'APE : "*L'UE s'engage à fournir des ressources financières permettant de couvrir de manière transitoire les pertes de recettes publiques résultant de l'élimination et/ou de la réduction substantielle des droits de douane*". Ces promesses sont d'autant moins crédibles que le Brexit aura un impact bien plus important sur la baisse des recettes douanières de la CAE que de l'AO. En effet, alors que la part du RU dans les exportations de l'AO vers l'UE28-RU n'a été que de 9,4% en 2015, elle a été de 17,9% des exportations de la CAE vers l'UE28-RU, dont 38,5% de celles du Kenya.

Pourtant, à la demande de la DG Commerce, ITAQA a simulé dans son rapport d'avril 2012 l'impact du PAPED sur les résultats de l'APE sur les bases suivantes : "*1) Toutes les dépenses du PAPED sont générées par de nouveaux flux de ressources étrangères. 2) Les ressources du PAPED sont indépendantes et additionnelles aux transferts de neutralisation fiscale. 3) Deux PAPED identiques et successifs sont mis en œuvre : de 2011 à 2015 et de 2016 à 2020, répétant le même programme, et maintenant la valeur des dépenses*".

Les conclusions d'ITAQA étaient que, en comparant l'évolution avec APE et celle sans APE du scénario de base où les 3 PED non PMA sont soumis au régime du SPG ou NPF et les PMA au régime TSA, les transferts annuels nécessaires pour compenser les pertes de recettes douanières dues à la libéralisation passeraient de 182 M$ au début de la libéralisation (2017) à 1,491 Md$ à la fin (2040). Et, malgré les 2 PAPED successifs – 2011-15 et 2016-20 – à la fin de la libéralisation il y aurait encore un besoin de transferts de 761 M$ pour que les recettes publiques ne baissent pas avec l'APE par rapport au scénario de base. Et ces besoins apparaitraient dès la fin du second

PAPED, avec 250 M$ en 2021. On comprend mieux alors pourquoi la Commissaire Cecilia Malmström a écrit au CRIDEV que "*ces études*" d'ITAQA "*sont désormais obsolètes*" !

Quant à l'étude de l'IFPRI de janvier 2016, également commanditée par la DG Commerce, elle se base aussi sur le fait que le PAPED serait renouvelé de 2015 à 2035, soit de 1,3 Md€ par an, mais son impact ne serait pas significatif puisqu'il serait alloué aussi bien dans le scénario avec APE que dans le scénario de base sans APE (avec les 3 PED au régime du SPG, le Cap Vert au régime du SPG+ et les 12 PMA au régime TSA). Ce qui est une façon implicite de reconnaitre que le PAPED n'est que la nouvelle étiquette collée sur les fonds traditionnels de l'aide au développement de l'UE et avec l'hypothèse gratuite qu'elle serait renouvelée jusqu'à la fin de la libéralisation.

Et malgré la prolongation du PAPED jusqu'à 2035, l'IFPRI prévoit qu'un impôt serait encore nécessaire pour maintenir constantes les recettes budgétaires réduites par la libéralisation due à l'APE. La conclusion de l'étude est que "*L'accord APE soulève la question d'un ajustement fiscal. Les tarifs douaniers représentent une part importante des recettes publiques dans les pays de la CEDEAO. Cependant, l'APE implique une réduction significative des droits de douane, puisque l'UE est un partenaire commercial important dans la région. Pour maintenir les dépenses publiques et la fourniture des services publics constants, les gouvernements de la CEDEAO devront trouver une source alternative de recettes publiques... ce qui nécessairement réduirait le bien-être... En conclusion, les avantages de l'APE entre l'UE et les pays de l'UE semblent faibles, voire négatifs*"[55].

On comprend encore pourquoi la Commissaire Cecilia Malmström a répondu au CRIDEV que "*Le rapport de l'IFRI de janvier 2016 que vous mentionnez n'a pas été transmis à mes services*" !

4.3. LES SAUVEGARDES BILATÉRALES ET MULTILATÉRALES BÉNÉFICIERONT BIEN PLUS À L'UE

Les sauvegardes bilatérales ne joueraient dans l'APE qu'en cas de fortes hausses des quantités importées mais pas en cas de chute des prix à l'importation. Or, dans le contexte actuel de forte volatilité des prix et du taux de change de l'euro – qui est aussi celui du franc CFA pour les 8 Etats de l'AO regroupés dans l'UEMOA (Union Economique et Monétaire de l'Afrique de l'Ouest) et les 6 Etats de la CEMAC (Communauté Economique et Monétaire de l'Afrique Centrale) –, une sauvegarde liée aux prix est indispensable.

Par contre l'APE de l'AO prévoit que l'UE prend des mesures exceptionnelles de sauvegarde lorsque "*le prix moyen communautaire du sucre blanc est inférieur, pendant deux mois consécutifs, à 80 pour cent du prix moyen communautaire du sucre blanc constaté durant la campagne de commercialisation précédente*", même si cette disposition ne figure pas dans le texte principal de l'APE de l'AO mais est camouflée au paragraphe 3 de l'annexe B de l'APE. Et, alors que les sauvegardes invoquées par l'AO doivent apporter la preuve d'un dommage

---

[55] http://www.ifpri.org/publication/european-unionwest-africa-economic-partnership-agreement

grave aux entreprises concernées, l'UE n'est pas obligée de prouver que les producteurs de sucre de l'UE ont subi un dommage ni que l'AO a été à l'origine de cette baisse du prix du sucre. D'ailleurs ce serait difficile car l'AO est déficitaire en sucre et l'UE y a exporté 75 070 tonnes, fortement subventionnées, en 2016.

Lorsque les conditions imposent ces sauvegardes quantitatives la CI (ou le Ghana) doivent saisir le Comité conjoint de l'APEi UE-CI (UE-Ghana) en apportant la preuve des dommages causés à la filière concernée. Les remèdes temporaires apportés peuvent consister en une suspension de la baisse des DD programmée sur ce produit, une hausse du DD ne pouvant dépasser le DD appliqué aux autres pays – mais même si la CI et le Ghana comme les autres Etats de la CEDEAO sont membres de l'OMC et ont donc des DD *consolidés*[56], la CEDEAO elle-même ne l'est pas et le TEC n'a que des DD *appliqués* qui seront donc les DD maxima que la CI et le Ghana pourraient appliquer –, ou enfin des quotas tarifaires n'excédant pas deux ans.

Pour les sauvegardes multilatérales l'article 21 et la clause relative aux industries naissantes de l'article 23 de l'APE de l'AO prévoient que l'UE n'utilisera pas pendant plus de 5 ans les sauvegardes de l'article XIX du GATT, de l'Accord sur les sauvegardes et de la Clause de sauvegarde spéciale (CSS) de l'article 5 de l'Accord sur l'agriculture (AsA) – clause qui n'est pas accessible à l'AO car seuls les Etats ayant consolidé toutes leurs lignes

[56] Les DD consolidés sont le niveau maximum que peuvent prendre les DD appliqués, ce qui laisse beaucoup de souplesse aux Etats membres de l'OMC de faire varier le niveau de ceux-ci en fonction de la conjoncture.

tarifaires au GATT avant l'OMC y ont eu accès –, ce qui implique qu'elle pourra les utiliser ensuite.

Peter Lunenborg du South Centre[57] souligne que les sauvegardes multilatérales et la clause sur les industries naissantes ne peuvent être utilisées par des Etats membres de l'AO individuellement mais seulement par 'la Partie Afrique de l'Ouest' que l'article 99 définit ainsi : "*La Partie Afrique de l'Ouest comprend la Communauté Economique des Etats de l'Afrique de l'Ouest (CEDEAO), l'Union Economique et Monétaire Ouest-Africaine (UEMOA), et leurs Etats Membres dans leurs domaines respectifs de compétence tels que prévus par les traités de la CEDEAO et de l'UEMOA, et la Mauritanie*". Il serait très difficile de trouver un accord entre toutes ces composantes, d'autant qu'il faudra qu'elles appliquent les sauvegardes de la même façon et "*sur la base des règles d'origine non préférentielles des parties*" que l'AO n'a pas définies, ce qui implique que ce seraient celles de l'UE ou de l'OMC, autant dire que ces sauvegardes seraient inapplicables. Certes pour les APEi de CI et du Ghana, les sauvegardes multilatérales seront plus simples à décider mais il faudra aussi les appliquer "*sur la base des règles d'origine non préférentielles des parties*", qu'elles n'ont pas non plus définies.

Aucune allusion n'est faite à la taxe complémentaire de protection (TCP) de la CEDEAO dans l'APE de l'AO, une surtaxe au TEC applicable aux produits importés des pays tiers aussi bien en cas de hausse des volumes importés d'au moins 25% de la moyenne des trois dernières années

[57] Peter Lunenborg, *Analysis of the West Africa EPA*, South Centre, Geneva, February 2017.

(pour lesquelles les données sont disponibles) qu'en cas de hausse des prix si, au cours d'un mois donné, la moyenne du prix CAF d'un produit tombe en dessous de 80% de la moyenne du prix CAF des trois dernières années (pour lesquelles les données sont disponibles). Chaque Etat de la CEDEAO peut fixer le niveau de la TCP jusqu'à 70% de son DD NPF consolidé à l'OMC. L'APE de l'AO ou les APEi empêcheraient ainsi d'utiliser la TCP aux importations venant de l'UE, en contradiction avec l'intégration régionale.

4.4. L'UE ne peut s'engager à ne pas subventionner ses exportations agricoles en Afrique de l'Ouest

Le paragraphe 6 de l'article 48 de l'APE de l'AO dispose : "*La Partie Union européenne s'engage à ne pas recourir aux subventions à l'exportation pour les produits agricoles exportés vers l'Afrique de l'Ouest*", ce qui ne correspond pas à un engagement définitif de ne plus les utiliser. En effet, bien que l'UE se soit engagée à ne plus utiliser les restitutions à l'exportation lors de la conférence ministérielle de Nairobi en décembre 2015 et l'ait confirmée le 6 octobre 2017, il ne semble pas que cet engagement ait modifié le règlement UE 1308/2013 disposant : "*Il convient de maintenir les restitutions à l'exportation vers les pays tiers fondées sur la différence entre les prix pratiqués dans l'Union et ceux du marché mondial, et dans les limites prévues par les engagements pris à l'OMC, à titre de mesure pouvant couvrir certains des produits auxquels s'applique le présent règlement lorsque les conditions du marché intérieur correspondent à celles qui sont décrites pour les mesures exceptionnelles*".

Mais le vrai problème concerne les subventions internes. Car la position récurrente de l'UE défendue à l'OMC consiste à affirmer que ses subventions internes aux produits exportés sont sans effet de dumping, ne sont pas des subventions à l'exportation, et ce d'autant plus que la grande majorité de ses subventions internes sont *découplées* du niveau de production ou de prix et sont notifiées à l'OMC dans la boîte verte[58].

Cela vaut aussi pour les produits animaux qui bénéficient d'aliments du bétail fortement subventionnés aux producteurs de céréales, tourteaux d'oléagineux et protéagineux (COP) d'origine UE. Si ce sont les producteurs de COP qui perçoivent les aides directes découplées aux aliments du bétail – 'droits au paiement unique' ou DPU jusqu'en 2016 et 'droits au paiement de base' ou DPB depuis –, les producteurs de produits animaux – notamment de viandes de porc, de volaille et d'œufs qui n'ont pas d'aides directes au revenu comme ceux de viandes bovine et ovine et de produits laitiers – perçoivent les subventions implicites mais réelles correspondant aux prix inférieurs qu'ils paient pour les COP d'origine UE. Car ces prix seraient bien supérieurs en l'absence des DPU reçues par les producteurs de COP pour compenser la réduction de leurs prix administrés intervenue dans les réformes de la PAC de 1992 et 1999.

Pourtant l'Organe d'appel de l'OMC a jugé quatre fois – dans l'affaire Produits laitiers du Canada de décembre

[58] *Les soutiens agricoles (MGS et SGEDE) de l'UE notifiés à l'OMC et effectifs en 2013-14*, SOL, 30 avril 2017, https://www.sol-asso.fr/analyses-politiques-agricoles-jacques-b-2/

2001 et décembre 2002, l'affaire coton des EU de mars 2005 et l'affaire sucre de l'UE d'avril 2005 – que les subventions internes aux produits agricoles exportés sont à prendre en compte dans le dumping. En particulier dans l'affaire sucre de l'UE l'Organe d'appel a déclaré : "*279. Les Membres de l'OMC sont habilités à accorder un "soutien interne" aux producteurs agricoles dans les limites de leurs engagements en matière de soutien interne.*[59] *Nous notons, toutefois, que l'Organe d'appel a aussi jugé possible que les effets économiques du soutien interne compatible avec les règles de l'OMC aient des "retombées" entraînant des avantages pour la production en vue de l'exportation. Ces retombées peuvent se produire, en particulier, dans les cas où les produits agricoles proviennent d'une seule chaîne de production où il n'est pas fait de distinction entre la production destinée au marché intérieur et la production destinée au marché d'exportation. 280. À cet égard, l'Organe d'appel a mis en garde contre le fait que "si le soutien interne pouvait être utilisé, sans limite, pour soutenir les exportations, cela compromettrait les avantages censés découler des engagements en matière de subventions à l'exportation pris par un Membre de l'OMC".*[60] *Nous pensons que ces affirmations sont pertinentes en l'espèce. Dans la présente affaire, nous notons que le sucre C est produit et exporté en énormes quantités, et qu'il y a une différence importante entre le prix du marché mondial et le coût de production total moyen du sucre dans les Communautés européennes*".

[59] Rapport de l'Organe d'appel *Canada – Produits laitiers (article 21:5 – États-Unis et Nouvelle-Zélande)*, paragraphe 88. (souligné dans l'original)
[60] Ibid., paragraphe 91.

SOL a réalisé de très nombreuses évaluations du dumping des exportations agricoles de l'UE vers les pays ACP, dont vers l'AO. L'UE28 a ainsi exporté 3,4 millions de tonnes (Mt) de céréales en 2016 (y compris celles incluses dans les produits céréaliers transformés) grâce à des subventions internes de 203,7 M€, avec un taux de dumping sur les céréales brutes exportées de 36,6%[61]. Elle a de même exporté 2,5 Mt de produits laitiers en équivalent-lait grâce à 168,6 M€ de subventions et un taux de dumping moyen de 20,8%[62]. En 2016, les subventions de l'UE28 à ses exportations agricoles vers la CI ont été de 99,9 M€, dont de 42 M€ aux céréales (taux de dumping de 30,2%), de 34,9 M€ à la viande bovine, de 11,7 M€ aux produits laitiers (taux de dumping de 16,4%) et de 11,3 M€ à la viande porcine[63].

4.5. DES DROITS DE DOUANE AU TAUX DE PROTECTION AGRICOLE TOTAL

Le paragraphe 3 de l'annexe A du Programme de travail de Doha (aussi appelé Accord-cadre) du Conseil général de l'OMC du 31 juillet 2004 sur le 'Cadre pour l'établissement de modalités concernant l'agriculture' stipule que "*Les réformes concernant les trois piliers forment un tout interdépendant et doivent être abordées d'une manière équilibrée et équitable*". Ces trois piliers sont l'accès

---

[61] *Subventions aux exportations de produits céréaliers de l'UE à l'Afrique de l'Ouest en 2015 et 2016*, SOL, 16 mars 2017, https://www.sol-asso.fr/analyses-politiques-agricoles-jacques-b-2/

[62] *L'énorme dumping des produits laitiers extra-UE vers les APE d'AO, SADC, CEMAC et EAC en 2016*, SOL, 10 avril 2017, https://www.sol-asso.fr/analyses-politiques-agricoles-jacques-b-2/

[63] https://www.sol-asso.fr/wp-content/uploads/2017/01/Labsurde-APE-int%C3%A9rimaire-de-C%C3%B4te-dIvoire-SOL-31-mars-2018.pdf

aux marchés (protection à l'importation), la concurrence à l'exportation (subventions à l'exportation) et les soutiens agricoles internes.

Ceci implique que la protection à l'importation doit inclure les subventions internes puisqu'elles permettent d'importer moins (effet de substitution à l'importation) et un effet de dumping en permettant d'exporter plus, au-dessous du coût de production moyen total national sans subvention. Cela implique que l'on doit ajouter au DD – converti en équivalent ad valorem (EAV) dans le cas de DD spécifiques (par tonne ou tête de bétail) ou mixtes (DD ad valorem + spécifique), qui dominent pour les produits agricoles importés par l'UE – l'EAV des subventions pour obtenir le taux de protection total. Le rapport de l'OMC sur 'Le commerce mondial en 2012'[64] cite les travaux de Kee et al. de 2008 selon lequel "*Pour 36 pour cent des lignes tarifaires faisant l'objet d'un soutien interne à l'agriculture, l'EAV de ce soutien est supérieur au tarif... Les pays dont l'EAV du soutien interne à l'agriculture est le plus élevé sont membres de l'UE*"[65].

SOL a montré que, pour le blé tendre de basse et moyenne qualité, la poudre de lait, le lait condensé liquide, les abats congelés de poulet, viande bovine et porc importés par l'UE28 en 2016, le taux de protection total, incluant les subventions internes, a été en EAV de respectivement 73,6%, 102,4%, 127,4%, 74,2%, 288,4% et 40%[66]. Des taux à comparer au DD du TEC de l'AO pour

---

[64] https://www.wto.org/french/res_f/booksp_f/anrep_f/world_trade_report 12_f.pdf

[65] http://siteresources.worldbank.org/INTRES/Resources/OTRIpaper.pdf

[66] *Des droits de douane au taux de protection agricole total : le cas des échanges Union européenne-Afrique de l'Ouest*, SOL, 7 février 2018, https://www.sol-asso.fr/analyses-politiques-agricoles-jacques-b-2018/

ces mêmes produits que l'UE28 a exportés largement en AO en 2016 et 2017, de, respectivement, 5%, 5%, 10% ou 20%, 35%, 35%, 35%, ces 3 derniers taux devant passer à 20% pour les APEi de CI et du Ghana. En outre les DD du blé et du lait en poudre passeront à 0 dès le début de la libéralisation.

Au-delà de la prise en compte des subventions pour évaluer le taux de protection total agricole les règles de l'OMC ne tiennent compte que des subventions *spécifiques* à un secteur d'activité, ici les subventions agricoles, et de la seule année en cours ou au mieux des toutes dernières années. C'est pourquoi SOL (anciennement Solidarité) avait proposé lors de la Conférence ministérielle de l'OMC à Hong Kong en décembre 2005 de mettre dans une 'boîte en or' tous les types de soutiens non agricoles présents et passés et les soutiens agricoles passés[67].

Car la plus forte compétitivité actuelle des produits agroalimentaires de l'UE, par rapport à celle de l'AO, résulte bien moins de l'écart de leurs DD et des subventions actuelles – a fortiori lorsqu'elles sont par habitant ou par actif agricole en équivalent plein temps ou UTA (unité de travailleur agricole) – que des soutiens non agricoles actuels et passés et des soutiens agricoles passés, depuis des décennies et même des siècles, notamment grâce à une forte protection à l'importation et à des subventions internes et à l'exportation, ainsi qu'à des taxes à l'exportation.

C'est pourquoi, même si l'OMC décidait de critères plus stricts pour la boîte verte, l'UE pourra toujours aug-

---

[67] *La boîte verte : une boîte noire qui cache la boîte en or*, Solidarité, 6 décembre 2005, https://www.wto.org/english/forums_e/ngo_e/posp56_e.htm

menter ses subventions de la boîte en or pour maintenir la compétitivité de ses agriculteurs et industries agro-alimentaires et assurer un minimum de souveraineté alimentaire. Au lieu de maintenir des institutions agricoles spécifiques, elle les intégrera dans des institutions à vocation plus large afin que la nature spécifique des subventions disparaisse et que l'on ne puisse les attaquer à l'OMC.

Ces énormes différences dans le taux de protection total devraient lui ouvrir les yeux sur le fait qu'imposer des APE à l'AO ne peut que se retourner contre elle en enfonçant davantage l'AO dans la misère et en encourageant ses millions de jeunes privés d'avenir à migrer vers l'UE et à grossir les rangs des mouvements jihadistes.

V. L'UE semble ignorer les énormes défis pesant sur le développement de l'AO

Alors que les APE n'ont pas encore fait sentir leurs effets en AO, celle-ci fait déjà face à d'énormes défis dans tous les secteurs d'activité. A côté des défis macro-économiques, l'AO sera surtout confrontée aux 3 défis majeurs de l'explosion démographique, du changement climatique et du déficit alimentaire, alors que 60% environ de sa population dépendent de l'agriculture. On ajoutera que, contrairement aux allégations de la Commission européenne, l'UE elle-même fait face à un énorme déficit alimentaire structurel.

5.1. Les défis macroéconomiques

La Banque africaine de développement (BAD) souligne dans ses perspectives de l'AO pour 2018 que "*Pour réduire la vulnérabilité aux chocs extérieurs menacés par la dépendance de plusieurs économies, notamment du Nigeria, de l'extraction de pétrole ou d'autres minerais, l'Afrique de l'Ouest doit accroître la transformation de ses intrants domestiques, en particulier les minéraux et les produits agricoles, en produits manufacturés... L'inflation a été à deux chiffres depuis 2015, entravant la crois-*

sance... La dette extérieure a augmenté à mesure que la croissance économique chutait avec la baisse des prix mondiaux des produits de base en 2015-2016... La pauvreté est élevée, avec 43% de la population sous le seuil de pauvreté international de 1,90 dollar par jour en 2013 (estimation la plus récente)... L'environnement des affaires façonne le secteur formel, ce qui crée peu d'emplois décents. Dans le cours normal de la transformation structurelle, le travail passe de l'agriculture à l'industrie et aux services. Cette transition a stagné en Afrique de l'Ouest en raison de problèmes douaniers, de l'absence de financement, de taxes élevées et de lourdes charges fiscales, d'une réglementation rigide par une bureaucratie de mauvaise qualité et d'infrastructures énergétiques et de transport inadéquates. La conséquence est un secteur formel atrophié et un secteur informel en plein essor"[68].

Et, malgré que les 8 Etats membres de l'UEMOA (Union économique et monétaire de l'Afrique de l'Ouest), sur les 16 de l'AO, aient connu de bien meilleurs résultats au niveau du PIB comme de l'inflation et du déficit budgétaire, le rapport de l'OMC sur le suivi de la politique commerciale de l'UEMOA souligne néanmoins que "*En 2016 près de 5 personnes sur 10 vivent en dessous du seuil de pauvreté*"[69].

---

[68] https://www.google.fr/search?q=West+Africa+economic+outlook+2018&rlz=1C1CHBD_frFR795FR795&oq=West+Africa+economic+outlook+2018&aqs=chrome..69i57j69i60.22462j0j7&sourceid=chrome&ie=UTF-8
[69] https://www.wto.org/french/tratop_f/tpr_f/g362_f.pdf

5.2. LE DÉFI DÉMOGRAPHIQUE

Le défi démographique est immense puisque, selon les projections de l'Organisation des Nations Unies pour la population dans sa révision de 2017, la population de l'AO serait multipliée par 2,18 de 2017 à 2050 (de 372 à 810 millions). Puisque la population de l'UE28 baisserait très légèrement (de 509 à 503 millions), celle de l'AO la dépasserait dès 2030. A fortiori le Brexit réduira à 427,4 millions la population de l'UE27 en 2050[70]. Cela modifiera forcément le rapport de force géopolitique entre l'AO et l'UE.

Bien que la population urbaine explosera, Bruno Dorin du CIRAD anticipe une hausse de 167 millions d'actifs agricoles en Afrique sub-saharienne de 2006 à 2050, seul sous-continent où elle augmenterait[71]. Et le Population Reference Bureau des Etats-Unis souligne que "*Avec un taux de fécondité supérieur à la moyenne du continent, c'est l'Afrique de l'Ouest qui va porter la croissance démographique africaine. Des pays comme le Mali, le Burkina Faso ou le Niger vont voir leur population multipliée par plus de 2,5 d'ici 2050. C'est d'ailleurs au Niger que la fécondité est la plus élevée au monde : 7,6 enfants par femme en moyenne*"[72].

---

[70] On ne tiendra cependant pas compte du Brexit dans cet ouvrage, en supposant que le Royaume-Uni établira des relations bilatérales avec les pays ACP analogues à celles du reste de l'UE.

[71] http://www.alimenterre.org/sites/www.cfsi.asso.fr/files/877-dynamiques_agricoles_en_afrique_subsaharienne_1961-2050.pdf

[72] http://www.rfi.fr/afrique/20150820-afrique-connaitre-forte-croissance-demographique-2050-nigeria-monde

5.3. LE DÉFI CLIMATIQUE

Selon le Programme des Nations Unies pour l'Environnement (PNUE), un réchauffement de deux degrés réduirait de 10% le rendement agricole total de l'ASS d'ici 2050 et un réchauffement supérieur, plus probable, le réduirait de 15 à 20%[73]. Le PNUE précise qu'une hausse de 1,2 à 1,9 degré suffirait pour accroître le nombre d'Africains sous-alimentés, déjà estimés à 240 millions, de 25% en Afrique centrale, 50% en Afrique de l'Est et 95% en AO[74]. Selon des analyses d'impact du changement climatique, rapportées par AfricaInteract, "*une augmentation de la température de 2° est susceptible d'engendrer la disparition de 10 à 15 % des espèces en Afrique de l'Ouest, et affecterait la production agricole à hauteur de 30 %*"[75].

Mais le PNUE souligne aussi qu'une reconversion rapide de l'agriculture d'ASS vers des pratiques agroécologiques permettrait de limiter ces menaces et d'augmenter les rendements : "*En juillet 2013, les dirigeants africains ont pris l'ambitieux engagement d'éradiquer la faim d'ici 2025. Ils comptent encourager les exploitants à abandonner progressivement l'agriculture de rendement, les systèmes agricoles fragiles et les cultures exigeant de grandes quantités d'engrais et*

[73] Richard Munang and Jesica Andrews, "L'Afrique face au changement climatique", PNUE, 2014
http://www.un.org/africarenewal/fr/magazine/%C3%A9dition-sp%C3%A9ciale-agriculture-2014/l%E2%80%99afrique-face-au-changement-climatique
[74] Ibid.
[75] http://www.hubrural.org/Agriculture-et-changement.html?lang=fr

de pesticides, au profit de pratiques durables et résilientes au changement climatique"[76].

La FAO le rejoint : "*Les systèmes agricoles à forte intensité de ressources, qui ont causé une déforestation massive, des pénuries d'eau, l'épuisement des sols et des niveaux élevés d'émissions de gaz à effet de serre, ne peuvent fournir une production alimentaire et agricole durable. Il faut des systèmes innovants qui protègent et améliorent les ressources naturelles tout en augmentant la productivité... tels que l'agroécologie, l'agroforesterie, l'agriculture intelligente au climat et l'agriculture de conservation, qui s'appuient également sur les connaissances autochtones et traditionnelles*"[77].

De nombreuses autres analyses, dont celles d'Olivier De Schutter[78], ont remis en cause les systèmes de production dits 'modernes' de type agrobusiness très intensifs en capitaux et intrants chimiques pour leur impact négatif sur l'environnement et l'emploi agricole en ASS, a fortiori quand ils sont accompagnés d'un accaparement de terres des paysans traditionnels. Mais la plupart des institutions africaines officielles comme la BAD (Banque Africaine de Développement) freinent cette reconversion et prônent une intensification conventionnelle fondée sur les subventions aux engrais chimiques[79].

---

[76] *Ibid.*

[77] FAO, "*The future of food and agriculture – Trends and challenges*", 2017, page X, http://www.fao.org/3/a-i6583e.pdf

[78] Olivier De Schutter, "*The political economy of food systems reform*", European Review of Agricultural Economics Volume 44, Issue 4, 1 September 2017, Pages 705–731, https://doi.org/10.1093/erae/jbx009

[79] BAD, "*Nourrir l'Afrique. Stratégie pour la transformation de l'agriculture en Afrique pour la période 2016-2025*", mai 2016, https://www.afdb.org/fileadmin/uploads/afdb/Documents/Generic-Documents/Nourrir_1_Afrique_-

5.4. Le défi du déficit alimentaire

Si le déficit des échanges alimentaires de l'AO vis-à-vis de tous pays – en codes CTCI qui incluent le poisson mais excluent les produits agricoles non alimentaires – a été maximum en 2011, à 8,6 milliards d'euros (Md€), il a fortement baissé jusqu'en 2016 (718 millions d'euros, M€), grâce à la chute des cours des produits alimentaires importés. Par contre, en excluant les échanges de café-cacao-épices – qui ne sont pas des produits alimentaires de base et sont essentiellement exportés –, le déficit alimentaire a été multiplié par 10,9 en 2016 pour l'AO (à 7,851 Md€).

La production totale de céréales sèches du Sénégal – mil, sorgho, maïs, fonio – n'a augmenté que de 4,2% de 2000-2004 à 2011-15 (dont de 11,6% pour le mil, mais elle a stagné pour le maïs et a baissé de 16,5% pour le sorgho), alors que la population a augmenté de 53,4% de 2000 (9,861 M) à 2015 (15,129 M). La production de riz (paddy) a certes été multipliée par 2,7 entre ces deux périodes mais la production de toutes céréales (paddy inclus) n'a augmenté que de 36,4%.

Par habitant la consommation de blé du Sénégal – que l'AO ne peut produire que très marginalement et à un coût élevé, et elle le fera d'autant moins avec le réchauffement climatique – a augmenté de 22 kg en 2000 à 32 kg en 2015, alors que la consommation de céréales sèches a baissé de 88 kg à 61 kg (dont 36,9 kg de mil, 15,6 kg de maïs, 8,4 kg de sorgho et 152 g de fonio). Par contre la

_Strat%C3%A9gie_pour_la_transformation_de_l_agriculture_en_afrique_pour_la_periode_2016-2025.pdf

consommation de riz (production + importations) est passée de 68 kg à 93 kg par tête.

Il est clair que la hausse de la consommation de blé – sous forme de pain, pâtes, couscous et gâteaux – n'est pas soutenable à long terme car le prix du blé augmentera fortement du fait de la stagnation des rendements dans les pays producteurs (malgré la hausse des intrants chimiques) et de la hausse de la consommation dans les pays d'Asie occidentale, du Proche Orient et du Maghreb qui n'ont pas les alternatives des céréales tropicales et tubercules de l'AO. Avoir réduit de 5% à 0 le DD sur les importations de céréales, principalement du blé, venant de l'UE dans l'APE de l'AO et les APEi est donc suicidaire.

D'autant qu'un fort potentiel de hausse des rendements des céréales locales existe, encore qu'il faille éviter de promouvoir des systèmes de production intensifs en intrants chimiques, si l'on compare l'évolution en AO et Ethiopie : alors que, en AO, le rendement du mil a baissé de 781 kg/ha de 2000-03 à 728 kg en 2009-13, que celui du sorgho a augmenté de 888 kg à 978 kg et celui du maïs de 1415 kg à 1691 kg, en Ethiopie les hausses ont été de 962 kg à 1699 kg pour le mil, de 1267 kg à 2169 kg pour le sorgho et de 1746 à 3079 kg pour le maïs.

L'AO devrait donc réduire la consommation de blé au profit de nouvelles recettes à partir du maïs (comme les tortillas largement consommées au Mexique et en Amérique centrale), mais aussi du manioc (selon les nombreux exemples du Brésil, notamment les pizzas à base de manioc) et bien sûr du mil et du sorgho.

5.5. L'UE A ELLE-MÊME UN ÉNORME DÉFICIT ALIMENTAIRE

Il faut démystifier l'assertion de la Commission européenne que l'UE a le devoir de contribuer à nourrir le monde, une assertion fondée sur l'assimilation de ses échanges *agricoles* à ses échanges *alimentaires*. Alors que son excédent *agricole* a atteint un sommet de 20,5 Md€ en 2017, son déficit *alimentaire* a été de 5,5 Md€[80]. Car la Commission européenne ne compte pas l'énorme déficit croissant en poissons et préparations, qui a atteint 20,2 Md€ en 2017, car ce ne sont pas des produits agricoles à l'OMC.

Qui plus est, comme l'UE a un excédent alimentaire structurel sur les pays développés, de 15,9 Md€ en 2017, son déficit alimentaire, structurel aussi, vis-à-vis des pays en développement a été de 21,4 Md€. Et, si l'on ne compte pas l'énorme excédent de l'UE en boissons – qui ne sont pas des produits alimentaires de base –, son déficit alimentaire vis-à-vis des pays en développement a été de 31,9 Md€.

Certes l'UE a un déficit alimentaire important et croissant vis-à-vis de l'AO – passé de 2 M€ en 2010 à 2,7 Md€ en 2017, et, hors boissons, de 2,2 Md€ à 3,2 Md€ – mais, si l'on exclut ses importations de cacao, café et épices qui ne sont pas non plus des produits alimentaires de base en AO, l'excédent alimentaire de l'UE sur l'AO est passé de 1,4 Md€ en 2010 à 1,8 Md€ en 2017.

---

[80] *Les consommateurs de l'UE reçoivent une aide alimentaire structurelle des pays en développement*, SOL, 19 mars 2018, https://www.sol-asso.fr/wp-content/uploads/2017/01/Les-consommateurs-de-lUE-re%C3%A7oivent-une-aide-alimentaire-structurelle-des-pays-en-d%C3%A9veloppement.pdf

VI. L'évaluation pseudo-scientifique de la DG commerce sur l'impact de l'APE de l'AO

Ayant refusé les conclusions à ses yeux négatives des trois études d'impact des bureaux d'études qu'elle avait pourtant sélectionnés et financés, la DG Commerce a réalisé sa propre étude diffusée en mars 2016, tout en ayant recours au même expert de l'IFPRI, David Laborde, qui avait déjà participé aux trois études précédentes. En effet un modèle d'équilibre général calculable pour valider des résultats décidés politiquement est jugé indispensable par la DG Commerce pour leur conférer une vérité scientifique irréfutable aux yeux des autorités politiques, et ceci dans tous ses accords bilatéraux de libre-échange.

6.1. La démystification des modèles d'équilibre général par Jean-Marc Boussard

Spécialiste des modèles appliqués à l'analyse des politiques agricoles et ancien Président de la Société française d'économie rurale et de l'Union des académies d'agriculture européennes, Jean-Marc Boussard en a démystifié depuis longtemps les présupposés et conclusions. Il observait en 2000 que "*partout dans le monde, les modèles calculables d'équilibre général (MCEG) servent de marteau pour enfoncer le clou du libéralisme*"[81]. L'un de ces MCEG, GTAP, "*va exercer une grande influence sur tous les gens qui vont l'utiliser en croyant que la réalité est conforme à ce modèle, en particulier de nombreux négociateurs aux prochaines négociations de l'OMC. A faire fonctionner ce modèle...ils apprendront très vite que tout ce qui rapproche de la libéralisation est 'bon', tout ce qui en éloigne est 'mauvais'*". Or, "*les MCEG 'standards'... présentés comme des oracles chargés de dire les bonnes politiques économiques... (ont) deux défauts majeurs : celui, d'abord, de privilégier indûment la libéralisation... celui, ensuite, de négliger les aspects essentiels de la dynamique économique*".

Car les hypothèses de base de ces modèles – mesurabilité et comparabilité de l'utilité entre individus et sans interférence entre les utilités de chacun, les prix comme uniques signaux des informations – "*ne sont pas vérifiées parce qu'il est tout à fait impossible d'agréger les préférences*" et il n'est en particulier pas crédible de penser que les pays gagnants à la libéralisation indemniseront les pays perdants, comme ce serait le cas de l'Afrique pour plusieurs modèles ou, plus largement, que les gagnants au sein d'un pays indemniseront les perdants. Ainsi l'étude de la Banque mondiale, citée par la DG Commerce, sur l'impact de l'APE de l'AO sur le Nigéria concluait que "*L'impact est légèrement régressif car ce sont les ménages les plus riches qui en bénéficient le plus étant donné que*

[81] Jean-Marc Boussard, *Agriculture, équilibre général et OMC. Une vision critique des modèles utilisés dans les négociations*, Economie Rurale, n°257, mai-juin 2000, p.3-16.

les produits importés de l'UE qui bénéficient de l'APE sont plus présents dans leur consommation"[82].

Pour Jean-Marc Boussard un autre défaut majeur des MCEG est leur caractère statique et la capacité des entrepreneurs à faire des 'anticipations rationnelles', en particulier en matière de prix. Or "*imaginer qu'ils puissent prévoir avec exactitude les prix d'équilibre dans vingt ans relève du rêve. En vérité, jamais aucune étude empirique n'a montré que les opérateurs sur un marché étaient capables de prévoir quel serait le prix d'équilibre l'an prochain !*". Or, "*si les marchés fonctionnent mal, sur la base d'anticipations erronées, il se peut que, loin d'élargir l'espace des possibilités, le commerce, au contraire, le rétrécisse. Les considérations de risque, en outre, renforcent cette idée*". Boussard concluait en se demandant "*si le libéralisme excessif des négociateurs de l'Uruguay Round ne se paiera pas par une flambée de violence mondiale*", ce en quoi ce constat était prémonitoire.

6.2. Les principales faiblesses du modèle GTAP-9

L'étude d'impact de l'APE de l'AO par la DG Commerce, qui s'est principalement centrée sur la baisse des droits de douane (DD), repose donc sur le MEGC le plus récent : "*La base de données utilisée est le Global Trade Analysis Project-GTAP 9, une base de données mondiale entièrement documentée et accessible au public qui contient des liens bilatéraux complets d'information, de*

[82] http://documents.worldbank.org/curated/en/411251468324859303/ECOWAS-economic-partnership-agreement-with-the-EU-and-Nigerian-trade-and-development

transport et de protection entre 140 régions pour tous les 57 produits GTAP pour 2011"[83].

Mais ce GTAP-9 est loin d'être complet et fiable pour l'AO, pour les raisons suivantes :

- Il n'englobe que 7 des 15 pays de la CEDEAO_– les 8 autres sont regroupés dans 'le reste de la CEDEAO' –, même s'ils représentent l'essentiel de la population et du PIB de l'AO, et l'impact sur la pauvreté et l'inégalité ne repose que sur deux pays (Nigeria et Ghana).
- Bien que la DG Commerce affirme que son modèle est basé sur les données les plus récentes pour l'AO, dont notamment celles du TEC (tarif extérieur commun) de la CEDEAO en vigueur depuis janvier 2015, elle utilise le GTAP-9 dont les données pour l'AO sont basées sur des tableaux d'entrées-sorties (TES) par pays tirés des matrices de comptabilité sociale bien plus anciennes et disparates selon les pays : 1998 pour la Côte d'Ivoire (CI), 2003 pour le Bénin, 2005 pour le Burkina Faso, la Guinée et le Sénégal, 2006 pour le Nigeria et le Togo[84]. Et les données de ces TES sont très différentes d'un pays à l'autre : le nombre de produits inclus va de 29 au Bénin et au Nigéria à 30 en Guinée, au Sénégal et au Togo, 34 en CI et 41 au Ghana. Le nombre de produits agricoles bruts et transformés varie encore plus : 6 en CI et au Nigéria, 7 au Bénin et au Togo, 11 en Guinée, 12 au Burkina et au Ghana. Les

[83] http://trade.ec.europa.eu/doclib/docs/2016/april/tradoc_154422.pdf
[84] https://www.gtap.agecon.purdue.edu/resources/download/7642.pdf

sources de prix sont inconnues au Nigeria et au Bénin.

- Alors que les LT de la CEDEAO comme de l'UE sont à 8 ou 10 chiffres, la DG commerce avoue que "les règles d'origine elles-mêmes sont normalement définies au niveau des LT à 4 chiffres du Système Harmonisé, ce qui est un niveau d'agrégation plus fin que le niveau des secteurs du GTAP auquel les simulations sont conduites", ce qui implique qu'elles sont conduites au niveau de DD agrégés à 2 chiffres !
- Le TEC actuel de la CEDEAO depuis janvier 2015 est basé sur la nomenclature 2012 du Système harmonisé (SH) de désignation et de codification des marchandises[85]. Les 5 899 LT sont réparties ainsi : 85 LT au taux de 0% relatif aux biens sociaux essentiels ; 2 146 LT au taux de 5% relatif aux matières premières de base et aux biens d'équipement ; 1 373 LT au taux de 10% pour les produits intermédiaires ; 2 165 LT au taux de 20% pour les biens de consommation finale ; et 130 LT au taux de 35% sur les 'biens spécifiques pour le développement économique'.

  Mais le TEC a évolué : celui de 2011 était composé de 5 550 LT à 10 chiffres, selon la nomenclature SH 2007. Il y a pire : l'offre tarifaire sur laquelle est basé le texte de l'APE de l'AO ne contenait que 5 127 LT car, selon une analyse du South Centre, "*C'est ce qui ressort du 'Mémo relatif à l'offre*

[85] OMC, *Examen des politiques commerciales de l'UEMOA*, Rapport du Secrétariat, WT/TPR/S/ 362 du 14 septembre 2017, https://www.wto.org/french/tratop_f/tpr_f/tp462_f.htm

d'accès au marché des marchandises de la région Afrique de l'Ouest' préparé par la Commission de la CEDEAO pour la réunion des Experts du Comité Ministériel de Suivi des Négociations APE tenue le 20 février 2013 à Accra. Le paragraphe 28 de ce document indique que la valeur des échanges de l'offre ouest-africaine est basée sur des calculs de la moyenne arithmétique au cours de la période de référence 2002-2004 ; et que ces statistiques ont été adoptées conjointement par les deux parties pour les négociations APE. En d'autres termes, les offres tarifaires et le calendrier actuel d'accès aux marchés de l'APE en Afrique de l'Ouest reposent sur des données commerciales négociées, plutôt que sur des données commerciales réelles datant de plus de 10 ans. Le même paragraphe indique également que l'offre ouest-africaine est basée sur la version 2012 du Système harmonisé (SH2012). On ne sait pas comment les données commerciales négociées couvrant la période 2002 à 2004, exprimées soit dans le SH1996, soit dans le SH2002 (deux ou trois versions antérieures au SH2012), ont été converties en SH2012. Il s'agit d'un détail technique important, car les nombreux changements intervenus entre le SH1996-SH2002 et le SH2012 pourraient affecter la statistique concernant le pourcentage de libéralisation en termes de valeur"[86] !

– Tout ceci fait que l'on ne sait absolument pas sur quelles années et quel niveau de DD les résultats de

[86] Peter Lunenborg, *Analysis of the West Africa EPA*, revised version of 2016, South Centre, Geneva.

l'étude de la DG Commerce sont basés. D'ailleurs elle ne donne pas de chiffres absolus mais seulement des pourcentages de variation entre l'impact avec APE et sans APE.

- Il n'existe qu'un seul ménage par pays pour représenter les consommateurs, mus par le seul souci de maximiser son 'bien-être' en ayant les prix au détail les plus bas. Et un seul ménage par pays représente tous les producteurs, avec le seul souci de maximiser ses profits à court terme. Comme si ces comportements prévalaient en AO où le secteur informel regroupe plus de 90% de la population, et où le premier souci des 60% de la population travaillant dans des micro-exploitations familiales est d'être autosuffisants au plan alimentaire avant de penser au marché, a fortiori à l'exportation.
- Précisément, comme dans tous les modèles d'équilibre général ou partiel, celui de la DG Commerce utilise beaucoup d'élasticités de comportement des ménages – de consommation, production, importation... – mais, comme elles n'existent pas pour l'AO, on utilise celles qui prévalent dans la littérature internationale sans pouvoir en évaluer la pertinence pour l'AO.
- L'étude part du principe que l'AO n'améliorera pas le taux de recouvrement des DD qui est loin de correspondre à 100%, une hypothèse contradictoire avec l'affirmation que "*les moyens du PAPED aideront à améliorer les systèmes fiscaux, à limiter les exemptions et à lutter contre la corruption*".

6.3. LES AUTRES FAIBLESSES DE LA MÉTHODOLOGIE UTILISÉE PAR LA DG COMMERCE

6.3.1. La DG Commerce ne tient pas compte de la hausse de la population de l'AO

Le plus ahurissant est que les pertes de DD ne tiennent pas compte de la hausse de 64,4% de la population de l'AO de 2015 à 2035 (quand la libéralisation programmée sera terminée), dans la mesure où la méthode prétend ne pas en avoir besoin puisqu'elle compare l'impact en fin de période avec APE et sans APE, où l'AO continuerait à taxer ses importations venant de l'UE mais devrait payer des DD sur ses exportations vers l'UE.

Car la situation de base sans APE n'est pas celle actuelle du maintien des préférences non réciproques depuis les accords de Lomé (1975) voire depuis les indépendances, y compris pour la CI et le Ghana dans la mesure où ils ont paraphé en 2007 et 2008 des APEi et ont bénéficié du Règlement du Conseil No. 1528/2007 du 20 décembre 2007 (connu sous le terme de MAR, market access regulation) qui leur a appliqué de façon anticipée les dispositions prévues pour les APE finalisées. Non, la situation de base est celle sans APE, où les PED non PMA doivent payer les DD du SPG ou NPF (de la Nation la Plus Favorisée) sur les bananes, les cuirs et peaux et l'aluminium, ce qui a été la situation effective pour le Nigéria seulement puisqu'il avait refusé de parapher un APEi en 2008.

Du moins Lionel Fontagné du CEPII, auteur d'une autre étude d'impact de 2008 sur les APE d'ASS financée par la DG Commerce[87], m'a dit ne pas avoir pris en

[87] http://lionel.fontagne.free.fr/papers/fontalabmita_JAE.pdf

compte la hausse de la population dans son modèle d'équilibre partiel basé sur les données de 2002-04 et ne pas savoir si la DG commerce l'a prise en compte dans son étude de 2016. Il y a peu de chances que cela ait été fait puisque David Laborde de l'IFPRI a participé aux deux études.

Pourtant tenir compte explicitement de l'évolution démographique est d'autant plus important qu'elle sera très différente en AO – où elle augmentera de 64% de 2015 à 2035, ce qui aura un impact considérable sur ses besoins d'importation et ses possibilités d'exportation – et dans l'UE28 où la population devrait stagner et vieillir et serait même dépassée par celle de l'AO dès 2030 selon les projections des Nations Unies révisées en 2017.

La DG Commerce écrit que les importations totales de l'AO, y compris du reste du monde (RdM), augmenteraient en 2035 de 1,2% avec l'APE, dont de 23,3% venant de l'UE, par rapport à la situation sans APE. Elle estime aussi que les exportations de l'AO vers l'UE augmenteraient de 4,1% avec l'APE, ce qui n'est pas sorcier à anticiper a priori (mais on y reviendra) puisque, sans APE, les exportations de la CI et du Ghana seraient fortement freinées par les DD à payer à l'UE et la perte de compétitivité par rapport aux autres PED, notamment d'Amérique latine, avec lesquels l'UE a conclu des accords de libre-échange (ALE) leur accordant pratiquement les mêmes avantages d'importations à DD nuls (voir plus loin, notamment pour le cacao). Même si, avec l'APE, la hausse des exportations vers l'UE serait freinée par la stagnation et le vieillissement de la population de l'UE et surtout par la hausse des débouchés sur le marché régional de l'AO liée à la hausse de la population.

6.3.2. On ne connait pas le niveau des échanges de l'AO sans APE en 2015

Dans sa comparaison de l'évolution de la situation de l'AO entre 2015 et 2035 avec APE et sans APE, la DG Commerce considère qu'en 2015 l'accord préférentiel actuel n'aurait pas existé pour la CI et le Ghana – ils n'auraient donc pas paraphé en 2007 et 2008 des APEi –, et qu'ils auraient été astreints depuis 2008, comme le Nigéria, au régime bien moins favorable du SPG, les 13 autres Etats de l'AO étant au régime TSA des PMA[88].

On peut alors s'interroger sur la pertinence des chiffres retenus par la DG Commerce – qui ne sont pas donnés dans l'étude, même pas en annexes, qui sont très limitées, comme si la DG Commerce préférait ne pas s'exposer à des critiques supplémentaires – pour caractériser la situation économique de la CI et du Ghana en 2015, et notamment leurs échanges extérieurs tant avec l'UE qu'avec les autres pays de l'AO et du reste du monde (RdM), puisqu'ils avaient toujours bénéficié d'échanges préférentiels depuis leur indépendance et que l'on ne peut donc pas identifier quels auraient été leurs échanges depuis 2008 sans ce règlement MAR.

Il est donc vraisemblable que la DG Commerce a simplement considéré que les échanges effectifs de la CI et du Ghana en 2015 (début supposé de la mise en application provisoire de l'APE de l'AO) ont été les mêmes que sans le règlement MAR alors que leurs exportations vers l'UE-RU (compte tenu du Brexit, même s'il n'était pas déjà effectif) auraient été très inférieures. En effet les

[88] Le Cap Vert était encore un PMA en 2008 et n'est passé au régime SPG+ qu'en 2011, ce en quoi la DG Commerce s'est trompée en disant qu'elle aurait été au régime SPG en 2008.

exportations de ces deux pays ont représenté 23,9% des exportations totales de l'AO vers l'UE28-RU et 94,7% des DD du SPG et NPF à payer par les 3 PED (avec le Nigéria) et plus largement des DD à payer par l'AO puisque les PMA et le Cap Vert en étaient exemptés[89]. Ceci introduit un énorme doute sur la pertinence de son étude sur l'APE de l'AO.

6.3.3. Les autres erreurs importantes sur les échanges entre l'UE28 et l'AO

6.3.3.1. Erreur sur le solde des échanges totaux entre l'UE et l'AO

La DG commerce écrit en page 2 : "*En 2014 l'Afrique de l'Ouest a exporté pour 37 milliards d'euros de marchandises vers l'UE et importé pour 31 milliards d'euros de l'UE*" alors que les 37 Md€ sont la valeur CAF des exportations de l'AO rendues UE, et donc les exportations de l'AO en valeur FAB étaient inférieures d'au moins 20%. Pour les importations de l'AO venant de l'UE, c'est l'inverse : les 31 Md€ correspondent aux exportations FAB de l'UE vers l'AO pour laquelle la valeur CAF était supérieure d'au moins 20%. Cependant, plus loin dans le texte (page 24), la DG Commerce a rectifié cette erreur.

Mais, sans en faire grief à la DG Commerce, l'UE a dégagé un excédent de 4,7 Md€ en 2016 (exportations de 25,1 Md€ contre des importations de 20,4 Md€), ce qui s'explique largement par la baisse des cours du pétrole et autres matières premières exportées par l'AO. En 2017

[89] *Pertes douanières de l'Afrique de l'Ouest avec l'APE et sans APE*, SOL, 7 février 2017, https://www.sol-asso.fr/wp-content/uploads/2017/01/Pertes-douani%C3%A8res-de-lAfrique-de-lOuest-avec-lAPE-et-sans-APE-SOL-7-f%C3%A9vrier-2017.pdf

l'excédent de l'UE28 a baissé à 3 Md€, du fait de la hausse supérieure de ses importations (de 24,9 Md€) à celle de ses exportations (de 28 Md€).

Cela met cependant à mal son argument que les échanges avec l'UE sont déjà bénéfiques à l'AO sans APE et que cela ne peut que s'améliorer avec l'APE. Cet argument est d'autant moins convaincant que l'AO, excepté le Nigéria qui n'a pas signé d'APEi, a toujours bénéficié d'un accès à DD nuls et sans quotas au marché de l'UE depuis 1995 et on ne voit pas en quoi la libéralisation du marché de l'AO aux exportations de l'UE pourrait augmenter ses exportations vers l'UE. Quant au Nigéria, l'essentiel de ses exportations vers l'UE ne sont pas taxées.

6.3.3.2. Erreur sur les échanges de céréales et viande bovine de l'AO avec l'UE

La DG commerce écrit : "*On s'attend à ce que presque tous les secteurs de l'Afrique de l'Ouest bénéficient de l'APE à travers une hausse de ses exportations – avec les plus fortes augmentations dans les secteurs suivants : céréales (10,2%), autres produits alimentaires (9,9%), viande rouge (8,4%) et vêtements (12,8%)*".

C'est totalement absurde pour les céréales et la viande rouge puisque les céréales sont les principales importations agricoles de l'AO – et même le deuxième poste des importations totales après les carburants –, passées de 7,1 millions de tonnes (Mt) en 2000 à 16,1 Mt en 2013 (hausse de 6,1%/an), dont de 3,9 Mt à 7,4 Mt pour le blé (de 4.4%/an). Sur ce total le volume des céréales exportées par l'UE28 (y compris celles incluses dans les produits céréaliers transformés) a été de 3,6 Mt en 2015, 3,4 Mt en

2016 et 2,9 Mt en 2017. La même ignorance concerne la viande rouge puisque l'UE n'a pas importé un seul kg de viande bovine et préparations de l'AO en 2015 où elle a par contre exporté 93 100 tonnes ; elle en a importé seulement 22 tonnes en 2016 où elle en a exporté 97 844 tonnes et elle n'a à nouveau rien importé en 2017 où elle a exporté 102 980 tonnes. Cette ignorance de la DG Commerce sur la réalité de l'agriculture de l'AO, qui constitue son principal secteur productif, en dit long sur la fiabilité de l'ensemble de son rapport de mars 2016.

6.3.3.3. Erreur sur l'exclusion du lait en poudre et des céréales dans l'APE

La DG Commerce prétend que les APE ne devraient pas avoir d'impact négatif sur l'agriculture des pays ACP puisqu'ils peuvent affecter prioritairement aux produits agricoles les 20% d'importations exclues de la libéralisation. Mais plusieurs CER (communautés économiques régionales) négociant des APE, dont la CEDEAO, ont choisi de protéger un minimum d'industries naissantes, les obligeant à libéraliser certains produits alimentaires de base.

En particulier 37,5% des importations agricoles de l'AO seraient libéralisées, soit 1,469 Md€ en valeur FAB de l'UE en 2015, dont 80,4%, taxées à 5% (groupe A), le seraient dès le début de la libéralisation, en T5 ; 17,1%, taxés à 10% (groupe B), seraient totalement libéralisés en T10 et 2,5%, taxés à 20% (groupe C), seraient totalement libéralisés en T20. Or l'UE28 a exporté 3,582 Mt de céréales en AO en 2015, dont 0,902 Mt incluses dans les produits céréaliers transformés, pour une valeur FAB de 7,268 Md€ et un prix FAB de 202,9 €/t. De même, l'UE a exporté en AO en 2016 2,5 Mt de produits laitiers en équivalent-lait[90], pour 810 M€ FAB.

Or il est évident que la réduction de 5% à 0 du DD sur les céréales hors riz (mais l'UE n'exporte pas de riz) et sur la poudre de lait – qui a représenté 84% des exportations en équivalent-lait (2,1 Mt sur 2,4 Mt) – va avoir des conséquences considérables sur la paupérisation des producteurs de céréales traditionnelles (mil, maïs, sorgho, fonio), tubercules (manioc, igname, taro) et bananes plantain, d'une part, et sur les éleveurs d'autre part. Et cette réduction va commencer déjà le 3 septembre 2018 pour l'APEi de CI et le 15 décembre 2021 pour l'APEi du Ghana alors que l'APE de l'AO ne sera pas finalisé.

6.3.3.4. Erreur sur l'impact de l'APE sur les exportations de vêtements de l'AO vers l'UE

Il est loin d'être assuré que les exportations de vêtements (chapitres 61 et 62 du Système Harmonisé) de l'AO vers l'UE augmenteraient avec l'APE puisque les règles d'origine (ROs), bien qu'améliorées avec l'APE par rapport à celles en vigueur sous le régime du SPG ou de TSA pour les PMA, sont déjà en vigueur pour les APEi de CI et du Ghana mais la proportion des importations de l'UE28 venant de CI et du Ghana par rapport à ses exportations vers ces deux pays a baissé de 3,1% en 2010 à 1,6% en 2015 et 2,3% en 2016.

[90] Eurostat n'a pas encore identifié un code spécifique du Système Harmonisé à 10 chiffres pour ses exportations de poudre de lait écrémé réengraissé en huiles végétales fixes (de palme ou coprah, en anglais fat-filled milk powder, FFMP), caché dans les codes 190190 ou 02106 parmi bien d'autres produits, bien que les exportations de ce lait dit végétal soient très supérieures à celles du lait en poudre non écrémé. On a donc été conduit à des estimations.

Surtout la DG Commerce se trompe en écrivant que "*Le secteur textile bénéficiera de règles d'origine préférentielles (une seule transformation nécessaire pour conserver le bénéfice de l'accès préférentiel au marché de l'UE) que n'ont pas les autres pays concurrents, ce qui encouragera la localisation et la production des investissements en Afrique de l'Ouest, en ligne avec les stratégies d'industrialisation de l'Afrique de l'Ouest*".

En effet les ROs de l'AGOA (African Growth Opportunity Act) des EU sur les vêtements sont bien plus favorables que celles de l'UE pour les pays d'ASS ayant un PIB par tête relativement élevé (même l'ile Maurice en bénéficie) car ils peuvent acheter les tissus n'importe où dans le monde ("third country fabric") tout en bénéficiant du statut de produit originaire pour les vêtements exportés vers les EU[91]. Cela avait déjà permis de tripler les exportations d'ASS aux EU de 2000 à 2005[92]. Par contre, bien qu'améliorées par rapport aux ROs pour les PMA, le régime des APE n'autorise le cumul que pour les autres intrants (filés, tissus) venant soit de l'UE (et territoires d'outre-mer) soit d'autres pays ACP[93].

La meilleure preuve de la supériorité des ROs des EU est attestée par le fait que les exportations de vêtements d'ASS vers les EU ont été multipliées par 4,7 de 2010 à 2016 et par 1,7 seulement vers l'UE et celles vers les EU

---

[91] https://www.gao.gov/assets/680/671862.pdf; https://shenglufashion.wordpress.com/2016/04/28/african-growth-and-oppertunity-act-and-textile-apparel/; https://agoa.info/news/article/15264-us-raises-annual-agoa-quota-for-qualifying-textiles.html; http://web.ita.doc.gov/tacgi/eamain.nsf/d511529a12d016de852573930057380b/1e85488eb01fd2fd852573940049047d?OpenDocument

[92] http://unctad.org/en/Docs/itcdtab40_en.pdf

[93] http://trade.ec.europa.eu/doclib/docs/2013/july/tradoc_151649.pdf

ont dépassé celles vers l'UE depuis 2015[94]. Et l'USAID est très active en AO pour épauler les industries textiles et promouvoir les exportations vers les EU[95].

Lors du débat du 13 octobre 2016 de la Commission INTA (internationale) du Parlement européen sur la possible ratification de l'APEi du Ghana, la responsable des APE à la DG Commerce, Mme Sandra Gallina, a déclaré que le Ghana a été en mesure d'augmenter ses exportations de produits textiles de 50 M€[96]. On ne sait d'où elle a tiré ce chiffre puisque les exportations de ces produits (pour les 3 chapitres 61 à 63 du SH) du Ghana vers l'UE28 sont quasi-inexistantes, avec 152 129 € en 2015 contre des importations de 93,9 M€ venant de l'UE28, et des exportations de 536 000 € vers les Etats-Unis.

6.3.3.5. Erreur sur l'impact de l'APE sur les produits du cacao exportés vers l'UE

La DG Commerce souligne que, sans APE, les exportations de cacao transformé de l'AO seraient soumises aux DD du SPG de 6,1% pour la pâte de cacao, de 4,2% pour le beurre de cacao et de 2,8% pour la poudre de cacao. Mais elle se garde d'écrire que, depuis les ALE passés en 2012 avec 9 pays d'Amérique latine (AL) ceux-ci exportent aussi à DD nuls tous ces produits.

---

[94] https://dataweb.usitc.gov/scripts/prepro.asp; https://www.watradehub.com/wp-content/uploads/2017/11/WATradeHub_FY17-Annual-Report_11062017.pdf

[95] https://agoa.info/news/article/15300-ghana-garments-industry-receives-10-million-ghana-exim-support.html; https://www.watradehub.com/en/

[96] *Le débat à la Commission INTA du Parlement européen sur l'APE intérimaire du Ghana*, SOL, 18 octobre 2016, https://www.sol-asso.fr/analyses-politiques-agricoles-jacques-b/

Même si, pour le chocolat proprement dit (code 1806), sur 3 LT sur 23, pour lesquelles la proportion de sucre dépasse 65%, les 9 pays d'AL devront payer des DD de 7,6% plus les DD sur les autres produits agricoles incorporés (produits laitiers, céréales et sucre), mais ces 3 LT n'ont représenté que 16,4% des importations de chocolat de l'UE28 venant de ces pays. Toutefois les importations de l'UE28 en chocolat venant d'AL restent très faibles (529 tonnes) en 2016 par rapport à celles venant de l'AO (32 038 tonnes) qui elles-mêmes ne représentant que 20,8% des importations totales de l'UE (154 223 tonnes), et en outre les prix CAF venant de l'AO sont très inférieurs à ceux d'AL et de la moyenne de l'UE28, sans doute aussi ne s'agit-il pas des mêmes qualités.

En outre l'accord CETA permet à l'UE d'importer du Canada en franchise de DD tout le cacao transformé, y compris le chocolat (code 1806), sauf les 2 lignes tarifaires que la CI et le Ghana n'exportent pas.

Mais le concurrent le plus redoutable pour le chocolat est la Suisse, principal fournisseur de l'UE (67 131 tonnes), puisque toutes ses exportations vers l'UE sont à DD nuls. Toutefois, comme la Suisse exporte des chocolats très fins, leur prix moyen CAF UE est double de celui de l'AO (7 012 €/t contre 3 535 €/t) et de 67% supérieur à celui des importations totales de chocolat de l'UE (4 201 €/t).

6.3.3.6. L'UE n'est pas innocente du bas prix du coton sur le marché mondial pénalisant l'Afrique de l'Ouest

La DG Commerce écrit, dans son encadré sur l'aide au coton de CI, que "*L'APE facilitera l'accès des producteurs à des intrants moins chers et protègera l'industrie cotonnière et textile des importations concurrentes de l'UE*". On ne sait trop dans quel sens interpréter "*importations concurrentes de l'UE*". Ce que l'on sait par contre est que, si 23 633 tonnes de coton fibre (code SH 5201), soit 20% des 178 110 tonnes importées par l'UE en 2016, sont venues de l'AO, dont 7 520 tonnes de CI soit 6,4% du total, l'UE participe fortement à la baisse du prix mondial du coton par l'importance de son dumping.

En effet les subventions de l'UE ont été de 799 M€ en 2016 – mais l'UE n'en notifie que le tiers à l'OMC, en boîte bleue, car les 2/3 ont été cachées dans les aides découplées notifiées en boîte verte – pour une production de 275 555 tonnes et une exportation de 271 841 tonnes (plus que celles du Mali, premier exportateur d'ASS), soit une subvention de 2 900 €/t, de loin la plus élevée au monde. Ce qui, pour un prix FAB à l'exportation de 1 457 €/t, donne un taux de dumping de 199% contre 22,3% pour celui des EU. Certes les exportations de l'UE28 n'ont représenté que 11,2% de celles des EU (2,469 Mt)[97] et 3% des exportations mondiales, mais leurs subventions totales à l'exportation ont été identiques, de 800 M€, ce qui implique que l'UE est co-responsable avec les EU de la baisse du prix mondial du coton dont souffre les pays producteurs d'ASS, notamment de l'AO, dont la CI.

L'UE se félicite de son aide du 'Programme d'appui à la consolidation du Cadre d'action du partenariat UE-Afrique sur le coton' qui aurait été de 651 M€ de 2004 à

---

[97] *SOL's alternative methodology to the IATP assessment of US dumping*, January 1, 2018, https://www.sol-asso.fr/analyses-politiques-agricoles-jacques-b-2/

2016[98], soit de 50 M€ par an. Mais elle se garde de la comparer aux 635 M€ de subventions annuelles moyennes à ses exportations de coton accordées sur la même période, de 12,7 fois plus !

6.3.3.7. L'impact de l'APE sur les exportations de mangues de l'AO

Même si l'encadré de la DG Commerce sur les mangues est ciblé sur l'aide de l'UE au Sénégal pour leur protection phytosanitaire, elle commence par souligner que ses exportations vers l'UE bénéficient d'un accès à DD nuls et sans quota, comme si les PED non PMA devraient payer des DD. Mais ceci est faux puisque les importations de mangues fraiches ou sèches ou transformées de l'UE venant de tous les pays se font à DD NPF nuls et sans quota. De même les exportations de noix de cajou décortiquées, que tous les pays de l'AO cherchent à augmenter, bénéficient d'un DD NPF nul. Ce n'est donc pas un argument pour promouvoir l'APE.

6.3.4. L'UE a caché à l'Afrique de l'Ouest la forte érosion de ses préférences

La multiplication des Accords de libre-échange (ALE) conclus récemment par l'UE et encore à conclure avec la plupart des pays développés et émergents va éroder fortement les préférences des exportations à DD nuls et sans quota de l'AO vers l'UE, censées être pérennisées par les APE.

---

[98] http://www.rtb.bf/2017/03/partenariat-ue-afrique-sur-le-coton-fin-du-programme-dappui-a-la-consolidation-du-cadre-daction-sur-fond-dactivites-de-promotion-du-coton/

Les exportations de l'AO, dont de CI et Ghana, vers l'UE feront face à une importante baisse de compétitivité vis-à-vis des 9 pays d'Amérique andine et centrale ayant conclu depuis 2012 (2015 pour l'Equateur) des ALE avec l'UE28 car ils peuvent également exporter à DD nuls et sans quotas tous les produits agricoles et de la pêche de CI, du Ghana et du Nigéria, sauf pour les bananes pour lesquelles les DD baissent peu à peu jusqu'à 75 € par tonne à partir de 2020 alors que, en l'absence d'APE ou APEi, les pays ACP non PMA devront payer l'intégralité du droit NPF (passé de €127/t à 117 €/t depuis le 1er janvier 2018). Pour le chocolat les 9 pays d'Amérique latine devront payer le droit spécifique seulement, mais pas le droit ad valorem.

En outre l'article 8 du règlement 978/2012 du 25 octobre 2012 stipulant que, lorsque les importations de l'UE au titre d'un chapitre du SH dépassent 17,5% de ses importations totales venant de pays bénéficiant du SPG pendant trois ans, alors c'est le DD NPF qui s'applique. La Commission avait déjà pris un règlement (EU) 2016/330 du 8 mars 2016 pour les importations du chapitre 06 du SH (plants et fleurs coupées) du Kenya[99]. Cela devrait être aussi le cas pour les produits du cacao de la CI qui ont représenté 38,1% des importations totales de cacao de l'UE28 de 2013 à 2015, ainsi que pour le Ghana qui a représenté 19,2% des importations totales de cacao de 2013 à 2015. Mais, à notre connaissance, la DG Commerce n'a pas produit un tel règlement pour le cacao de CI et du Ghana, pour ne pas paraitre leur forcer la main pour signer l'APE de l'AO.

---

[99] http://trade.ec.europa.eu/doclib/docs/2016/march/tradoc_154349.pdf

Mais ce règlement ne s'applique qu'aux pays du SPG et pas aux pays ayant signé des ALE avec l'UE comme l'Equateur qui pourtant a représenté 27,7% des bananes importées par l'UE28 de 2013 à 2015 en volume et 25,3% en valeur. A fortiori ces pourcentages seraient très supérieurs si on se référait aux importations venant des pays bénéficiaires du SPG : face aux ALE le SPG devrait plutôt s'appeler le 'Système de Pénalisations Généralisées' ! Pourtant le revenu national brut disponible par habitant était de 6 010 $ en Equateur en 2015 contre 1 410 $ en CI, 1 480 $ au Ghana et 1 380 $ au Kenya[100]. Fort heureusement cet article 8 ne s'applique pas aux pays bénéficiaires du SPG+, ce qui en ferait une bonne alternative à l'APE[101] et c'est sans doute aussi pourquoi la DG Commerce n'a pas voulu les inciter à demander le SPG+ puisqu'elle ne veut pas l'accorder au Nigéria car cela enterrerait l'APE de l'AO.

Mais le scandale politique est que les DD réduits ou nuls sur les importations venant des pays ayant signé des ALE impliquent que l'UE n'a cure qu'ils respectent les conventions internationales fondamentales sur les droits de l'homme, les droits sociaux, l'environnement et la bonne gouvernance, que l'UE exige des pays ACP pour leur accorder le statut SPG+. Selon le rapport de Human Rights Watch de 2016, "*la criminalité endémique et l'impunité pour les violations des droits de l'homme restent la norme au Honduras. Malgré une tendance à la baisse ces dernières années, le taux d'homicides est parmi les plus*

---

[100] http://data.worldbank.org/indicator/NY.GNP.PCAP.CD

[101] http://www.ictsd.org/bridges-news/eclairage-sur-les-n%C3%A9gociations/news/entretien-exclusif-avec-le-commissaire-europ%C3%A9en-au

élevés au monde"[102]; "*La violence et l'oppression de la part de puissantes organisations criminelles restent de graves problèmes au Guatemala. La corruption dans le système judiciaire, combinée à l'intimidation exercée contre les juges et les procureurs, contribue à un niveau élevé d'impunité. La violence liée aux gangs est également l'un des principaux facteurs incitant les gens, y compris les jeunes non accompagnés, à quitter le pays*".

Même si un accord de paix a été conclu récemment entre le gouvernement de la Colombie et les FARC, au moment de la signature de l'ALE de l'UE en 2012 le pays n'était pas un exemple sur les droits de l'homme puisque cela est encore d'actualité : "*Syndicalistes, journalistes, dirigeants autochtones et afro-colombiens et d'autres militants de la communauté sont confrontés à des menaces de mort et de violence, mais les auteurs sont rarement tenus responsables*". Selon le rapport d'Amnesty International 2015-16, au Salvador "*Les niveaux de violence liée aux gangs et la criminalité organisée ont grimpé et les taux d'homicides ont explosé. Selon les documents officiels 4 253 homicides ont été enregistrés dans les huit premiers mois de l'année, comparés à 3 912 pour l'ensemble de l'année 2014. La violence criminelle a contraint de nombreux Salvadoriens à quitter le pays et a également entraîné le déplacement interne de milliers de familles, selon la Table ronde de la société civile contre le déplacement forcé provoqué par la violence et le crime organisé*"[103].

---

[102] https://www.hrw.org/sites/default/files/world_report_download/wr2016_web.pdf
[103] https://www.amnesty.org/download/Documents/POL1025522016ENGLISH.PDF

Même les producteurs de bananes de l'UE, ici des îles Canaries, souffrent de pertes de compétitivité vis-à-vis des producteurs d'Amérique latine ayant signé des ALE avec l'UE : "*Le principal problème est le non-respect des normes de protection de l'environnement, de sécurité alimentaire et de protection sociale et du travail pour l'Europe, qui sont requises pour les productions européennes, mais qui ne sont pas exigées ou contrôlées dans le cas des pays tiers*"[104].

Dans l'ALE CETA avec le Canada, appliqué depuis le 21 septembre 2017, l'UE a libéralisé immédiatement presque toutes les LT pour lesquelles la CI, le Ghana, le Nigeria et le Kenya devraient payer des DD NPF, SPG ou SPG+ sans APE. L'offre de l'UE permet d'importer en franchise de droits du Canada tout le cacao transformé (y compris le chocolat, sauf les 2 lignes tarifaires que la CI n'exporte pas), toutes les conserves de thon exportées par la CI et le Ghana (certaines LT ne sont libéralisées qu'en l'an 8, mais ne concernent pas celles importées par l'UE de CI et du Ghana), le chapitre 06 (dont les fleurs coupées) et tous les légumes exportés par le Kenya (dont les haricots frais), les soupes de céréales et le son, les cuirs et peaux (chapitre 41) et l'aluminium (chapitre 76), deux produits sur lesquels l'UE applique pourtant des DD NPF, y compris dans le cadre du SPG+. En fait, l'offre tarifaire de l'UE dans le CETA libéralise immédiatement tous les produits industriels, à l'exception du chapitre 87 (automobiles) où la libéralisation s'étendra sur 3, 5 ou 7 ans.

---

104 http://www.freshplaza.com/article/166776/European-bananas-threatened-by-Ecuador-EU-agreement

D'autres arguments sur la perte de compétitivité des exportations agricoles de l'AO vers l'UE ont été présentés dans un document de 2015[105].

6.3.5. La clause NPF pourrait jouer aussi contre l'UE et au profit de la CI et du Ghana

Le problème de l'érosion des préférences des pays ACP ayant signé des APE est à rapprocher de la clause NPF. Alors que l'on pense généralement que celle-ci ne pénalise que les pays ACP, obligés d'accorder à l'UE les traitements plus avantageux qu'ils accorderaient à d'autres pays développés ou émergents – aspect majeur sur lequel on reviendra longuement à la section 7.2.3 –, elle pourrait jouer aussi contre l'UE. Considérons la clause pour l'APE de l'AO puis pour les APEi de CI et du Ghana.

L'article 16 de l'APE de l'AO dispose : "*Clause NPF 1) Les Parties réaffirment leur engagement vis-à-vis de la clause d'habilitation. 2) La Partie Union européenne accordera à la Partie Afrique de l'Ouest tout traitement tarifaire plus favorable qu'elle accordera à une Partie tierce si la Partie Union européenne devient partie à un accord préférentiel avec cette Partie tierce après la signature du présent Accord*".

A priori la clause ne s'applique pas à l'APE de l'AO puisque celui-ci n'a pas encore été signé par tous les pays. Il n'empêche que l'un des obstacles à la signature de l'APE de l'AO par le Nigéria est la perspective d'un

---

105 *Le faux argument des droits de douane du SPG à payer par les exportateurs de Côte d'Ivoire, Ghana et Nigéria en l'absence d'APE*, SOL, 12 avril 2015 :
https://www.sol-asso.fr/wp-content/uploads/2015/04/Le_faux_argument_des_droits_de_douane_du_SPG_a_payer_en_l_absence_d_APE_12_avril_20154.pdf

manque de compétitivité, y compris pour ses exportations de cuirs et peaux qui sont soumises au DD NPF de 6,50% alors que celles du Canada sont à DD nuls depuis septembre 2017. Un des arguments qui a aussi joué dans la ratification de l'APEi du Ghana a été que ses exportations d'aluminium auraient été soumises au DD NPF de 3%, même sous le régime du SPG+.

Plus largement on peut invoquer la clause d'habilitation, sous le régime de laquelle ont été conclus les APE, qui dispose, en son article 5, que "*Les parties contractantes développées ne chercheront donc pas à obtenir, et les parties contractantes peu développées ne seront pas tenues d'accorder, des concessions incompatibles avec les besoins du développement, des finances et du commerce de ces dernières*". Ce qui, conformément à l'interprétation de l'Organe d'appel de l'OMC sur la poursuite de l'Inde contre le régime préférentiel de l'UE aux pays luttant contre le trafic de drogues (précurseur du SPG+), atteste qu'il est possible et souhaitable de différencier les préférences entre les PED selon leur niveau de développement. En l'occurrence l'UE avec ses ALE opère des préférences à rebours au détriment des pays ACP.

Mais examinons le cas des APEi de CI et du Ghana, appliqués depuis fin 2016, donc avant l'ALE CETA avec le Canada. Le paragraphe 1 de l'article 17 des APEi de CI et du Ghana stipule que "*La Partie CE accordera à la partie ivoirienne [ghanéenne] tout traitement plus favorable qui pourrait résulter du fait que la Communauté Européenne devienne partie à un accord de libre-échange avec des parties tierces après la signature du présent accord*". On pourrait penser que, puisque les APEi de CI et Ghana jouissent de l'accès total (DFQF) au marché de l'UE depuis fin 2016 (sauf les armes), les ALE conclus postérieurement avec d'autres pays tiers, dont le CETA avec le Canada, ne peuvent être plus favorables.

Mais l'expression '*tout traitement plus favorable*' peut s'entendre plus largement que les seuls avantages d'accès au marché de l'UE et porter plutôt sur la défense du marché de l'AO et de ses Etats membres, en l'occurrence la CI et le Ghana. Ainsi le Canada ne subit pas toutes les contraintes non commerciales imposées aux pays ACP signataires d'APE.

Par exemple dans le domaine des subventions agricoles, alors que l'APE de l'AO stipule au paragraphe 6 de l'article 48 que "*La Partie Union européenne s'engage à ne pas recourir aux subventions à l'exportation pour les produits agricoles exportés vers l'Afrique de l'Ouest*", cette disposition est absente des APEi de CI et du Ghana. Dans l'accord CETA l'article 4 du chapitre 9 porte sur les subventions agricoles et à la pêche tandis que l'article 5 porte sur les subventions agricoles et à la pêche à l'exportation, ce qui implique que l'article 4 vise les subventions internes, qui permettent l'ouverture de consultations : "*Si une partie considère qu'une subvention ou l'aide publique accordée par l'autre partie porte atteinte ou peut porter atteinte à ses intérêts en ce qui concerne les produits agricoles ou les produits de la pêche, elle peut exprimer ses préoccupations à l'autre partie et demander des consultations sur la question*".

Certes cela n'implique pas des poursuites immédiates de la CI et du Ghana contre l'UE mais au moins des échanges approfondis d'arguments sur leur impact. C'est donc une disposition dont la CI et le Ghana peuvent se prévaloir comme '*traitement plus favorable*' que l'UE doit accorder à leurs APEi. Ainsi les exportations de céréales de l'UE28 en CI ont reçu en 2016 42 M€ de subventions et celles aux produits laitiers 11,7 M€. De même les exportations de céréales de l'UE au Ghana ont bénéficié de 7,1 M€ de subventions et celles aux produits laitiers 12,8 M€, auxquelles s'ajoutent 11,9 M€ à la viande de volaille (que la CI a protégée efficacement). Quant au Nigéria les subventions de l'UE aux céréales ont été de 47,6 M€ et celles aux produits laitiers de 27,9 M€.

6.3.6. Critiques des conclusions finales de l'étude de la DG Commerce

Rappelons que la DG Commerce annonce clairement que "*Par prudence, seul l'impact des réductions tarifaires a été évalué, c'est-à-dire ce qui est facilement quantifiable à partir de l'accord. Les dispositions essentielles de l'APE (règles d'origine, facilitation des échanges, coopération sur les normes, programme de développement de l'APE, etc.) ont été exclues du modèle car elles sont difficiles à quantifier sans formuler d'hypothèses solides ; pourtant elles jouent en faveur des pays d'Afrique de l'Ouest*".

Malgré cette affirmation que "*seul l'impact des réductions tarifaires a été évalué*", on doit se contenter d'apprendre que "*Suite aux réductions tarifaires, les droits de douane à l'importation seront en moyenne inférieurs de 11,7% en 2035*" avec APE que sans APE. Une information bien insuffisante puisque l'on ne connait pas les montants des réductions tarifaires en M€, pas plus sans APE qu'avec APE, et pas plus en 2035 qu'au démarrage de l'APE régional en 2015. Aucun de ces montants ne figure dans les annexes, au demeurant très limitées.

Dans une présentation sur l'état des négociations APE aux parlementaires européens des Commissions INTA (internationale) et DROI (Droits de l'homme) du 15 octobre 2015, la responsable de ces négociations à la DG Commerce, Mme Sandra Gallina, leur a déclaré : "*Certains critiques des APE évoquent la perte de ressources fiscales qui seront entraînées par la libéralisation des lignes tarifaires. D'une part ces pertes sont difficiles à évaluer, d'autre part il faut garder à l'esprit qu'il s'agira en réalité d'un simple transfert entre les caisses des Etats ACP et les poches des consommateurs ACP qui seront gagnants*"[106].

Qui ne voit la contradiction entre l'affirmation de l'étude que "*l'impact des réductions tarifaires... est facilement quantifiable*" et celle de Mme Sandra Gallina que "*ces pertes sont difficiles à évaluer*", d'où sûrement la décision de rester dans le flou dans l'étude sur l'APE de l'AO en ne donnant qu'un pourcentage de baisse des DD.

D'autant que la DG Commerce aurait sûrement beaucoup de mal à donner le montant des DD encaissés en 2015 sans l'APE puisque la CI et le Ghana auraient été au régime du SPG (et NPF pour les bananes et l'aluminium) depuis 2008, comme le Nigéria. Ces deux pays auraient donc déjà perdu beaucoup de compétitivité en ayant dû payer depuis 2008 des DD importants sur leurs exportations de bananes, ananas, cacao transformé, conserves de thon et aluminium vers l'UE, et leurs recettes d'exportation auraient beaucoup faibli. En conséquence leurs importations venant de l'UE auraient aussi été bien

[106] Compte-rendu d'un assistant parlementaire du Parlement européen ayant participé à ce débat.

plus faibles que sous le régime effectif du règlement MAR ayant prévalu en 2015 et jusqu'à aujourd'hui, et les DD perçus sur ces importations en baisse venant de l'UE auraient aussi été plus faibles.

D'autre part la poursuite du régime du SPG et NPF jusqu'en 2035 continuerait à réduire la compétitivité des exportations de la CI et du Ghana sur le marché de l'UE – compétitivité déjà très affaiblie par les ALE conclus par l'UE avec les pays d'Amérique latine et le Vietnam et qui le serait encore plus avec les ALE encore à conclure, notamment avec le Mercosur, le Mexique, les Philippines, l'Inde et d'autres – et donc les DD du SPG et NPF à payer à l'UE sur ces exportations seraient aussi bien plus faibles. Or, on l'a déjà noté, ces deux pays auraient supporté 94,7% des DD du SPG et NPF à payer par l'AO puisque les PMA et le Cap Vert (qui était encore un PMA en 2008) en sont exemptés.

D'où l'intérêt de ne pas finaliser l'APE régional et de dénoncer les APEi puisque la baisse des recettes douanières avec l'APE de l'AO sur les importations venant de l'UE aurait débuté en 2020 si l'APE avait commencé à être appliqué en 2015. Elle aurait dû débuter le 3 février 2017 pour l'APEi de CI pour quelques LT et devrait débuter au plus tard le 3 septembre 2018 pour de nombreuses LT.

Les principales conclusions de l'étude de la DG Commerce sont les suivantes : "*Vingt ans après l'entrée en vigueur, les réductions tarifaires ont un impact faible mais positif sur le PIB réel – de 0% à 0,5% selon les pays, et sur le bien-être économique pour tous les pays d'Afrique de l'Ouest, de 0,1% à 0,7%. Par exemple, en 2035, le PIB réel de la Côte d'Ivoire sera de 0,5% plus élevé et le bien-*

être supérieur de 0,7% par rapport à la situation où un APE ne serait pas en place... Il convient de rappeler que cette modification des recettes tarifaires, qui équivaudrait à 2% du total des recettes publiques, est simplement un déplacement des ressources des gouvernements vers les consommateurs et les entreprises".

Effectivement la baisse des prix intérieurs liée aux importations hors DD venant de l'UE pourrait augmenter à court terme le 'bien-être' des consommateurs si toutefois cette baisse des prix leur était répercutée, ce qui est rarement le cas, mais ce 'bien-être' baissera fortement pour tous ceux dont les revenus baisseront du fait d'une perte d'emplois liée à la perte de compétitivité des entreprises régionales, y compris pour les 90% de la population qui sont dans le secteur informel, dont 60% dans des micro-exploitations agricoles.

Mais les pourcentages de différence donnés dans le PIB et le 'bien-être' avec APE et sans APE après 20 ans sont tellement minimes qu'elles ne sont absolument pas significatives et encore moins fiables compte tenu des multiples failles du modèle. Au moins la DG Commerce reconnait-elle que "*Estimer les effets futurs des accords commerciaux n'est pas une science exacte, même lorsque le contenu de l'accord est connu*".

Autant dire que l'étude de la DG Commerce et le modèle qui l'accompagne ont été fabriqués de manière à faire apparaitre un impact tant soit peu positif pour donner une caution pseudo-scientifique aux décideurs politiques.

VII. Une méthodologie réaliste sur les impacts de l'APE de l'AO et des APEi de CI et du Ghana

L'étendue des dysfonctionnements et insuffisances de la méthodologie utilisée par la DG Commerce, et notamment de son Modèle d'équilibre général calculable (MEGC), pour évaluer l'impact de l'APE de l'AO et des autres études de la Banque mondiale sur l'impact de l'APE de l'AO sur le Ghana et le Nigéria, justifie le recours à une autre méthode.

Un des arguments importants, plus politique qu'économique, avancés par toutes les études ayant utilisé des MEGC est que seul ce type de modèle peut calculer et démontrer que les APE n'auront pas d'impact négatif sur le reste du monde (RdM). A ce sujet l'étude de la DG Commerce conclut que "*Les exportations totales de l'Afrique de l'Ouest vers le monde sont affectées positivement par l'APE, tout comme les importations totales, bien que dans une moindre mesure. Les exportations de l'Afrique de l'Ouest devraient augmenter en moyenne de 1,5% et les importations de 1,2%*". Pourtant l'étude de l'IFPRI parue trois mois plus tôt et préparée par le même expert, David Laborde, concluait que "*Les gains en termes d'accès aux marchés étrangers sont limités ou nuls pour les pays d'Afrique de l'Ouest, en particulier les PMA d'Afrique de l'Ouest*".

Pour dépasser ces contradictions et l'absence de données fiables dans l'étude de la DG Commerce, une autre méthodologie basée sur des échanges réels s'impose, même si l'on doit avoir recours à certaines hypothèses d'évolution de 2015 à 2035 qui sont clairement annoncées et peuvent être modifiées. Ce qui n'empêche pas de calculer l'impact sur les recettes douanières des échanges avec le RdM. Et la méthode adoptée permettra de calculer clairement les DD à payer par les 3 PED sur leurs exportations vers l'UE – et plutôt vers l'UE28-RU car il faut tenir compte du Brexit pour l'avenir – en l'absence d'APE, ce que la DG Commerce ne met pas en évidence puisqu'elle se contente d'annoncer un pourcentage de pertes avec l'APE.

On complètera cette méthodologie générale par celle appropriée aux APEi de CI et du Ghana.

7.1. Evaluation des pertes de recettes douanières

7.1.1. La situation de base à laquelle on compare l'impact de l'APE est celle existant en T (2015) sous le régime MAR

SOL estime les pertes de recettes douanières (RD : DD plus TVA sur les importations) en comparant la situation actuelle (T en 2015) où l'AO taxe ses importations venant de l'UE28-RU (car il faut tenir compte du Brexit pour l'avenir) et où ses exportations vers l'UE ne sont pas taxées (sauf celles du Nigéria qui n'a pas signé d'APEi) jusqu'au début de la libéralisation (en T5) où les pertes de

DD commencent pour tous les Etats. Même si, pendant les premières années, les gains de TVA sur des importations accrues venant de l'UE dépassent les baisses de DD sur ces importations.

Car en considérant, comme la DG Commerce, que la base sans APE est celle où les exportations des 3 PED de l'AO (CI, Ghana et Nigéria) payent les DD du SPG ou NPF, on a vu que cela aboutit à une indétermination du montant des échanges (exportations et importations) en 2015 puisque les 3 PED non PMA auraient été au régime du SPG et NPF depuis 2008. Ensuite les pertes de RD reposent sur les étapes suivantes.

7.1.2. Etapes de l'évaluation des pertes de recettes douanières de l'APE de l'AO

Les étapes ci-dessous sont un résumé de l'étude de SOL "*Pertes douanières de l'Afrique de l'Ouest avec APE et sans APE*" du 13 février 2018[107].

1) Comme les statistiques douanières de l'AO sur les importations ne sont pas fiables et sont publiées avec beaucoup de retard et que celles de Comtrade et de TradeMap se limitent aux codes du SH à 6 chiffres et ne sont pas toujours fiables non plus[108], on retient les données d'Eurostat sur les exportations FAB de l'UE où les lignes tarifaires (LT) sont à 10 chiffres – comme celles du TEC de l'AO et de l'APEi de CI –, que l'on convertit en valeurs

[107] https://www.sol-asso.fr/wp-content/uploads/2017/01/Pertes-douani%C3%A8res-de-lAfrique-de-lOuest-avec-APE-et-sans-APE-SOL-13-02-2018.pdf

[108] Par exemple les importations CAF (coûts, assurances, fret) de la CEDEAO de l'UE28 sont inférieures de 8,8% en 2015 aux exportations FAB (franco à bord) de l'UE28 vers la CEDEAO selon Trade Map, alors que cela devrait être l'inverse.

CAF AO en estimant que l'écart de FAB à CAF est en moyenne de 20% pour l'ensemble de l'AO, ce qui est sans doute une estimation très conservatrice. Cette moyenne tient compte d'un écart moindre sur le Sénégal que sur les pays sahéliens enclavés ou plus éloignés comme le Nigéria où les retards de déchargement des navires entraînent des surcoûts (surestaries).

Mais, contrairement aux études publiées par ITAQA, l'IFPRI et la DG Commerce, on ne fait pas une estimation au doigt mouillé du pourcentage effectif des RD collectées du fait que les DD officiels du TEC et la TVA ne sont pas appliqués à 100% mais donnent lieu soit à des exemptions légales, soit le plus souvent à de multiples ponctions illégales des forces de l'ordre (y compris la 'compréhension' des douaniers), soit au fait que certains pays sahéliens peuvent frapper de DD des produits déjà dédouanés dans les ports côtiers. Car, à prolonger cette sous-estimation des RD jusqu'à T20, on présume que l'AO est condamnée à ne pas améliorer ses pratiques alors que la DG Commerce prétend que l'APE y contribuera.

2) Le calendrier de libéralisation de l'APE de l'AO est établi pour 4 groupes de produits – les groupes A, B et C pour ceux libéralisés à partir de T5 – dont les taux de réduction des DD sont de 0%, 5%, 10% ou 20% – et le groupe D pour ceux exclus de la libéralisation, taxés soit à 35% (D3), à 20% (D2), 10% ou 0% (D1). Les importations des produits de ce groupe ne sont pas interdites mais leurs DD ne sont pas réduits avec l'APE.

Après un très long travail de calcul, LT par LT pour les 97 chapitres du TEC, on établit un tableau récapitulatif en annexe avec, en lignes, les groupes de A à D (avec ses sous-groupes) et, en colonnes, la valeur FAB des exportations, les DD et leur taux moyen en T, et les 4 colonnes sur les DD en baisse en T5, T10, T15 et T20, compte tenu de la libéralisation par l'APE des produits des groupes A, B et C.

3) On recalcule la valeur des importations et des RD liée au passage de FAB UE à CAF AO.

4) On recalcule ces valeurs liées à la hausse de la population. Après un rappel de la projection moyenne des Nations Unies de 2015 à 2050, on en déduit les taux de croissance de la population de T (2015) à T5 (2020), de T5 à T10 (2025), de T10 à T15 (2030), de T15 à T20 (2035) et de T20 à T35 (2050). On constate que les importations ont augmenté environ deux fois plus vite que la population de 2000 à 2015 (5,77% contre 2,75%) mais, par prudence, on table pour l'avenir sur un taux de croissance des importations égal à celui, en baisse, de la population.

5) Quant au détournement des échanges qui affecte les importations des produits libéralisés des groupes A, B et C, après consultation de plusieurs études, on se limite par prudence à un pourcentage de détournement de 20% et on en déduit les pertes de DD (au taux moyen de 8,59% en 2015) de T5 à T20 (et même à T35) sur ces importations détournées.

6) L'étape suivante porte sur le calcul de la TVA sur les importations selon les groupes de produits libéralisés et exclus, sachant qu'elle correspond à 16% de la somme des importations (après détournement) plus des DD.

7) L'étape suivante porte sur le calcul des DD et de la TVA sur les importations venant de l'UE28-RU en l'absence d'APE. Dans ce cas il n'y a plus lieu de distinguer les DD selon les groupes de produits libéralisés et exclus et on applique le DD moyen de 10,73% constaté en

2015 sur l'ensemble des importations de l'AO venant de l'UE28-RU. On aboutit à une perte de 3,4 Md€ en 2035 et à une perte cumulée de 28,4 Md€ liées à la libéralisation de 76,2% des importations venant de l'UE28-RU.

8) On calcule ensuite les DD et la TVA sur les importations non affectées par le détournement des échanges – celles venant de l'AO (sur lesquelles il n'y a pas de DD mais seulement de la TVA) et du RdM – et dont les taux de DD par groupe sont inchangés par rapport à T (2015). Les 31,3 Md€ d'importations CAF de l'AO venant de l'UE28-RU en 2015 ont représenté 34,2% des importations totales de l'AO qui ont été de 91,4 Md€, dont 9,9 Md€ (10,8%) venant de l'AO et 50,3 Md€ (55%) venant du RdM, dont 3,3 Md€ (3,6%) du RU. On répartit les importations de l'AO venant d'intra-AO et du RdM en proportion de leurs parts relatives dans les importations totales de l'AO, soit 16,42% venant de l'AO et 83,58% venant du RdM. Mais il faut soustraire les importations et recettes douanières (RD) liées aux 20% de détournement des échanges au profit de l'UE28-RU, débutant à 466 M€ en T5, que l'on répartit entre les importations intra-AO et venant du RdM en fonction de leurs parts relatives dans les importations totales de l'AO.

9) Finalement les RD nettes sur les importations de l'AO venant d'intra-AO et du RdM augmentent de 16,7 Md€ en T5 à 24 Md€ en T20. On ajoute ces recettes à celles venant des importations venant de l'UE28-RU sans APE – qui passent de 26,8 Md€ en T5 à 38,6 Md€ en T20 – et on les compare aux pertes nettes de RD sur les importations venant de l'UE28-RU avec l'APE, en calculant le ratio de ces pertes sur les recettes totales sans APE. Le ratio des pertes nettes de RD sur les importations de l'AO

venant de l'UE28-RU liées à l'APE sur les recettes totales de toutes origines sans APE augmenterait de 7,9% en T5 à 18,1% en T20.

Le détournement des échanges au profit des importations venant de l'UE28-RU se traduit par une baisse de 7,9% de celles venant du RdM comme de l'AO tout au long de la période, comme quoi cette méthodologie permet de mieux calculer l'impact de l'APE sur les échanges avec le RdM alors que la méthodologie de la DG Commerce conclut à une hausse des importations venant du RdM.

7.1.3. Evaluation des DD du SPG et NPF à payer sur les exportations des PED non PMA

Afin de faire pression sur les autres Etats de l'AO pour qu'ils signent l'APE de l'AO, la CI et le Ghana ont surestimé les DD du SPG et NPF à payer sur leurs exportations vers l'UE en l'absence d'APE, et le Kenya a fait de même pression sur les 4 autres Etats de la CAE en surestimant ses DD à payer sur les fleurs coupées et les haricots. Mais la DG Commerce s'est bien gardée de donner des chiffres sur ces DD à payer à l'UE, dont elle tient forcément compte pour conclure que la situation de l'AO et de la CAE est plus favorable avec l'APE que sans APE.

7.1.4. Méthode d'évaluation des pertes de RD des APEi de CI et du Ghana

On se situe dans le cadre, confirmé le 9 avril 2018 par le Président Buhari, que le Nigéria ne signera pas l'APE de l'AO et où celui-ci sera enterré alors que subsisteront les APEi de CI et du Ghana. Mais on ne tiendra pas encore compte ici de l'incidence de la signature de la Zone de

Libre Echange Continentale (ZLEC) que l'on traitera plus loin. Sans l'APE de l'AO, les pertes de DD et TVA de CI et du Ghana sur leurs importations venant de l'UE28-RU seraient moindres puisque les DD des APEi sont inférieurs, encore que pas toujours sur certaines LT de la CI. Par contre il est très probable que les autres Etats de l'AO percevront des DD sur leurs importations venant de la CI et du Ghana pour ne pas être envahis par les produits que ces pays auront libéralisés alors qu'eux-mêmes, en particulier les 12 PMA, continueraient à percevoir les DD du TEC sur leurs importations venant de l'UE28-RU.

7.1.4.1. Les pertes de recettes douanières de l'APEi du Ghana

L'analyse ci-dessous est un résumé de l'étude de SOL sur "*Le Ghana n'aurait jamais dû mettre en œuvre son APE intérimaire*" du 13 février 2018[109].

Le ministère du Commerce et de l'Industrie du Ghana (MOTI) avait déjà fortement sous-estimé les pertes de recettes douanières (RD) du Ghana dans l'hypothèse où l'APE de l'AO serait mis en œuvre, se basant sur l'étude d'impact réalisée par la Banque mondiale et le MOTI en janvier 2015 sur la base des données de 2013[110]. Elle avait

---

[109] https://www.sol-asso.fr/wp-content/uploads/2017/01/Le-Ghana-naurait-jamais-d%C3%BB-mettre-en-%C5%93uvre-son-APE-int%C3%A9rimaire-SOL-13-02-18.pdf.
On doit mettre à jour ce fichier pour tenir compte des droits de douane spécifiques de l'APEi comme on l'a fait pour celui de Côte d'Ivoire et non de ceux du TEC de l'AO.

[110] MacLeod, Jamie; Von Uexkull, Jan Erik; Shui, Lulu, *Assessing the economic impact of the ECOWAS CET and economic partnership agreement on Ghana*, 1st January 2015,

estimé le pourcentage de la valeur des produits libéralisés à 65% pour l'UE28 alors qu'ils ont été de 75% en 2015 pour l'UE28-RU.

Surtout cette étude se base sur "*une hypothèse simple de croissance annuelle de 3% de toutes les sources de revenus du gouvernement, en utilisant comme base les données budgétaires du rapport de l'article IV du Fonds monétaire international (FMI) de 2013*", ajoutant : "*Comme les autres recettes gouvernementales augmenteront en importance, la dépendance relative des recettes d'importation et donc l'impact significatif sur les pertes de recettes venant de l'APE baisseront*". D'ailleurs la Banque mondiale a fait la même hypothèse dans son évaluation de l'impact de l'APE de l'AO sur le Nigéria. Il est alors facile d'en déduire que l'APE de l'AO augmenterait les RD du Ghana de 1,2% par an hors réforme du TEC ! Pourtant le rapport du FMI sur le Ghana de septembre 2017 est bien moins optimiste car la croissance a été de 3,5% en 2016, la plus faible depuis deux décennies[111], et la part des RD dans les recettes fiscales totales, loin d'avoir baissé, a monté de 12,7% en 2015 à 15% en 2016 (hors TVA à l'importation imputée aux taxes indirectes).

Selon l'étude d'ActionAid Ghana de juillet 2013 la libéralisation de 75% des importations venant de l'UE avec l'APEi ferait perdre au Ghana 1,127 Md$ de 2008 à 2022 (dernière année de la libéralisation) mais, sans APEi, ces pertes seraient compensées par les recettes sur les impor-

---

http://documents.worldbank.org/curated/en/845041467999971258/Assessing-the-economic-impact-of-the-ECOWAS-CET-and-economic-partnership-agreement-on-Ghana

[111] https://www.imf.org/en/News/Articles/2017/08/30/pr17337-ghana-imf-executive-board-completes-fourth-review-under-the-ecf

tations venant du RdM si bien qu'en 2022 les RD sans APEi seraient de 242 M$ comparées à 70 M$ avec APEi. Et encore l'étude ne tient-elle pas compte du Brexit, ce qui réduira les recettes venant de l'UE mais augmentera celles venant du RdM.

Le Third World Network Africa, basé à Accra, souligne aussi que "*Aujourd'hui, plus de 90% des exportations manufacturières les plus dynamiques du Ghana vont à la sous-région de l'Afrique de l'Ouest... Les APE sapent directement ce débouché*"[112]. Ce constat a été confirmé par l'étude ci-dessus de la Banque mondiale de 2015 : *"Le marché d'exportation pour l'emploi est la CEDEAO : les exportateurs vers la CEDEAO emploient 38,7 pour cent des travailleurs de l'échantillon. Le second marché le plus important était l'Union européenne : les exportateurs vers l'Union européenne employaient 4,9 pour cent des travailleurs de l'échantillon*".

Par contre la pérennisation de l'APEi sans finalisation de l'APE de l'AO obligera le Ghana à payer des DD sur ses exportations vers le reste de l'AO. Ces exportations ont été de 1,213 Md€ en 2016 (Trade Map n'a pas de données pour 2015) en valeur FAB Ghana, soit 12,6% de ses exportations totales de 9,628 Md€ et 50,7% de ses exportations vers l'UE28-RU de 2,394 Md€. Le calcul des DD du TEC par ligne tarifaire à 6 chiffres montre que le Ghana aurait dû payer 165,9 M€ en valeur CAF CEDEAO en T (2017), impliquant un DD moyen de 11,9%. On se limite à calculer les DD sur la CEDEAO sans tenir compte de la Mauritanie car les exportations vers ce pays ont été négligeables, à 135 000 €.

[112] http://www.socialwatch.org/node/13598

Les DD à payer pour ses exportations vers l'AO ne commenceront qu'à partir de 2021 puisque l'APEi est appliqué depuis le 15 décembre 2016, même si le Ghana a contredit la clause de statu quo de l'APEi lui interdisant d'augmenter ses DD puisqu'elle continue à utiliser ceux du TEC de l'AO. Ces pertes augmenteraient ensuite avec la hausse de la population du Ghana comme de l'AO et passeraient de 175 M€ en 2017 à 189 M€ en 2020 et 272 M€ en 2035 et les DD cumulés passeraient de 728 M€ en 2020, à 4,2 Md€ en 2035. Ces DD annuels à payer sur les exportations du Ghana vers la CEDEAO avec l'APE (de l'AO ou des APEi) seraient 2,1 fois supérieurs en 2020 et 3,4 fois supérieurs en 2035 à ceux à payer sur les exportations du Ghana vers l'U28-RU sans APE. Et les DD cumulés seraient 2,9 fois supérieurs en 2035 vers la CEDEAO que vers l'UE28-RU.

Si on ajoute les pertes de RD (DD + TVA) sur les importations libéralisées venant de l'UE28-RU – qui passeraient de 185 M€ en T5 (2022) à 1,440 Md€ en T20 (2037) –, les pertes totales annuelles passeraient de 575 M€ en T5 à 759 M€ en T10, 934 M€ en T15 et 1,027 Md€ en T20.

Toutefois les importations non libéralisées venant de l'AO et du RdM génèreraient des recettes douanières (RD) importantes puisque, sur des importations totales de 12,205 Md€ du Ghana en 2016, celles venant de l'UE28-RU n'en ont représenté que 26,41% (3,223 Md€), celles venant de l'AO 12,49% (1,525 Md€) et celles venant du RdM 61,10% (7,458 Md€). En présumant que ces importations seraient taxées au taux moyen de 11,05% calculé pour 2015 sur l'ensemble des produits importés de l'UE28-RU, les DD seraient de 824 M€ en T (il n'y en a pas sur les importations venant de l'AO) et la TVA de 1,437 Md€, soit un total de 2,261 Md€, qui, compte tenu de la hausse de la population, passeraient de 2,315 Md€ en T à 2,579 Md€ en T5 et 3,388 Md€ en T20.

Si bien que les RD nettes totales – en déduisant les pertes de RD liées à l'APEi et celles à payer sur les exportations vers l'AO des RD perçues sur les importations non libéralisées venant de l'AO et du RdM – passeraient de 2 Md€ en T5 à 2,361 Md€ en T20. Et les pertes de RD liées à l'APE et aux DD à payer sur les exportations du Ghana vers l'AO représenteraient 22,3% des RD perçues sur les importations venant de l'AO et du RdM en T5 et 30,3% en T20.

7.1.4.2. Les pertes de recettes douanières de l'APEi de Côte d'Ivoire

L'analyse ci-dessous est un résumé de l'étude de SOL sur "*L'absurde APE intérimaire de Côte d'Ivoire*" du 31 mars 2018[113].

Les étapes du calcul sont les mêmes que pour l'APE de l'AO et l'APEi du Ghana, mais l'APEi de CI est très spécifique comme on l'a montré plus haut à la section 2.2.

Les pertes annuelles de recettes douanières (RD : DD + TVA) sur les importations venant de l'UE28-RU vont de 65 M€ en T5 (3 septembre 2021) à 389 M€ en T21 (2036) et 580 M€ en T51. Et les pertes cumulées passent de 65 M€ en T5 (2021) à 4,423 Md€ en T20 (2036) et 11,692 Md€ en T35 (2051). Ces pertes sont très considérables, moindres toutefois que les DD à payer sur les exportations

[113] https://www.sol-asso.fr/wp-content/uploads/2017/01/Labsurde-APE-int%C3%A9rimaire-de-C%C3%B4te-dIvoire-SOL-31-mars-2018.pdf

de la CI vers le reste de l'AO avec l'APEi mais les deux combinées sont très supérieures aux DD du SPG et de la NPF sur ses exportations vers l'UE28-RU en l'absence d'APEi.

Les DD annuels à payer sur les exportations de CI vers le reste de l'AO passeraient de 382 M€ en 2020 à 592 M€ en 2035 et 816 M€ en 2050. Les DD cumulés bondiraient à 9,160 Md€ en 2035 et 19,729 Md€ en 2050. Ces pertes cumulées de DD s'ajouteraient aux pertes de RD cumulées sur les importations venant de l'UE28-RU et elles leur seraient d'ailleurs 2,3 fois supérieures en 2035.

En comparaison avec ces pertes douanières dues à l'APEi, en l'absence d'APEi les DD du SPG et NPF à payer par la CI sur ses exportations vers l'UE28-RU passeraient de 170 M€ en T (2015) à 196 M€ en T5, 275 M€ en T20 et 375 M€ en T35. Les DD cumulés bondiraient à 1,110 Md€ en T5, 4,657 Md€ en T20 et 9,540 Md€ en T35.

Ces pertes cumulées des DD du SPG + NPF à payer à l'UE28-RU sont certes considérables mais restent très inférieures à celles dues aux DD à payer sur les exportations vers l'AO, a fortiori quand on y ajoute les pertes de RD liées à l'ouverture du marché de CI aux exportations de l'UE28-RU suite à l'APEi. Les pertes cumulées nettes passeraient ainsi de 786 M€ dès 2021 à 2,280 Md€ en 2025, 5,153 Md€ en 2030, 8,537 Md€ en 2035 et 21,301 Md€ en 2050 et la conclusion s'impose que la CI devrait dénoncer l'APEi.

Toutefois la baisse des recettes douanières (RD) sur les importations venant de l'UE28-RU dues à la mise en œuvre de l'APEi ne doit pas occulter que la CI continuera de percevoir des RD sur ses importations venant du reste de l'AO et du reste du monde (RdM), même si ses RD seront amoindries par le détournement des échanges au profit des importations venant de l'UE28-RU.

Mais alors cela implique aussi que la CI sortira du TEC de la CEDEAO et qu'il lui sera difficile de continuer à l'utiliser dans ses importations venant du RdM. Elle pourrait alors utiliser les taux de DD inférieurs de l'APEi, sans être obligée pour autant de libéraliser ses importations venant du RdM. Cela serait une forte gifle à l'UE28-RU qui perdrait en compétitivité par rapport aux importations de la CI venant du RdM ! D'autant que la baisse des taux de DD pourrait ne pas réduire les RD totales venant du RdM puisque le détournement des échanges serait fortement réduit voire serait inversé au détriment de l'UE !

7.2. Les autres contraintes non financières imposées aux signataires des APE

Les contraintes non directement financières imposées par l'UE aux APE réduiront beaucoup leur espace de manœuvre politique dans de nombreux domaines, dont la clause de rendez-vous, la clause de statu quo et la clause NPF, sachant que l'on a déjà souligné les inégalités dans l'utilisation des sauvegardes.

7.2.1. La clause de rendez-vous

Alors que l'article 106 de l'APE de l'AO prévoit que, six mois après la conclusion de l'APE de l'AO, les négociations devraient *commencer* pour élargir la libéralisation de l'APE de l'AO à de nouveaux thèmes que tous les pays en développement ont refusés à l'OMC – services, propriété intellectuelle, investissement, concurrence, marchés publics, paiements courants et mouvements de capitaux, développement durable, protection des données à caractère personnel –, l'article 44 des APEi de CI et du Ghana va beaucoup plus vite. En effet cet élargissement doit être *conclu dans les meilleurs délais*, soit dès fin 2008 ou un an après la mise en œuvre. Pourtant la différence de cette clause entre l'APE de l'AO et les APEi est illogique car elle ne s'applique qu'à l'APE de l'AO alors que la CI ou le Ghana n'auraient évidemment pas eu la possibilité à eux seuls d'engager toute l'AO dans ces négociations quand bien même l'APE de l'AO aurait été appliqué à titre provisoire.

7.2.2. La clause de statu quo

C'est l'interdiction, commune à tous les ALE (accords de libre-échange), d'augmenter les DD appliqués en T, à partir du début de l'application provisoire de l'APE de l'AO (article 9) ou des APEi de CI (article 15) et du Ghana (article 15) sur les importations venant de l'UE.

Cette disposition est profondément injuste puisque, étant Membre de l'OMC, l'UE28 dispose de DD consolidés lui permettant de relever ses DD appliqués, même si de fait ses DD appliqués sont très proches de ses DD consolidés mais elle pourrait réduire certains DD appliqués et les relever en fonction de la conjoncture.

Même si tous les Etats de la CEDEAO sont membres de l'OMC et ont des DD consolidés et si la CEDEAO commence des démarches pour devenir Membre à part entière de l'OMC comme l'UE pour avoir des DD consolidés fixés au niveau de la moyenne des DD consolidés de ses 15 Etats membres, pondérée par l'importance de leurs importations extra-CEDEAO, l'UE pourrait être tentée de freiner cette demande à l'OMC pour garantir l'ouverture du marché de l'AO à ses exportations.

Rappelons, comme on l'a vu à la section 4.3, que l'UE bénéficie de bien meilleures sauvegardes bilatérales et multilatérales que l'AO, dont la CI et le Ghana, ce qui est un moyen pour elle de détourner la clause de statu quo. Ajoutons qu'un autre moyen très puissant de détourner cette clause est le fait que l'UE pourra continuer le dumping de ses exportations agricoles par le biais des subventions internes, découplées ou non, à ses exportations puisqu'elle a refusé de les traiter dans les APE comme au sein de l'OMC. Or, en abaissant les prix auxquels les industries, notamment agro-alimentaires, peuvent acheter leurs matières premières, notamment agricoles, sur le marché intérieur de l'UE, les subventions internes ont un puissant effet de substitution à l'importation, c'est-à-dire ont le même effet que des DD.

7.2.3. La clause NPF

Un argument majeur qui devrait faire trembler la CI et le Ghana est lié aux conséquences d'avoir à la fois mis en oeuvre leurs APEi avec l'UE depuis la fin 2016 et signé la ZLEC (Zone de Libre-Echange Continentale)[114] lors du Sommet extraordinaire des Chefs d'Etat de l'Union Africaine le 21 mars 2018 à Kigali. Il s'agit de la clause NPF (de la Nation la Plus Favorisée) de leurs APEi les obligeant à étendre à l'UE les avantages tarifaires consentis dans la ZLEC.

[114] *La folie de la zone de libre-échange continentale africaine (ZLEC)*, SOL, 4 septembre 2017, https://www.sol-asso.fr/wp-content/uploads/2017/10/La-folie-de-la-zone-de-libre-%C3%A9change-continentale-africaine-ZLEC-4-septembre-2017.pdf

Il y a trois différences très importantes dans les conditions de cette clause entre l'APE de l'AO et les APEi de CI et du Ghana.

Selon l'article 16 de l'APE de l'AO "*La Partie Afrique de l'Ouest accordera à la Partie Union européenne tout traitement tarifaire plus favorable qu'elle accordera après la signature du présent Accord à un partenaire commercial autre que les pays d'Afrique et les Etats ACP, ayant, à la fois, une part des échanges commerciaux mondiaux supérieure à 1.5 pour cent et un taux d'industrialisation mesuré par le ratio de valeur ajoutée manufacturière rapportée au PIB supérieur à 10 pour cent, dans l'année précédant l'entrée en vigueur de l'accord préférentiel visé dans ce paragraphe. Si l'accord préférentiel est signé avec un groupe de pays agissant individuellement, collectivement ou à travers un accord de libre-échange, le seuil relatif à la part des échanges commerciaux mondiaux considérée s'élèvera à 2 pour cent*".

Mais, si l'on sait maintenant que l'APE de l'AO ne sera vraisemblablement jamais signé, l'article 17 de l'APEi de CI comme de l'APEi du Ghana n'exclut pas les pays d'Afrique et Etats ACP, réduit la part des échanges mondiaux réalisée par le pays partenaire et ne mentionne pas un taux d'industrialisation minimal pour ce partenaire : "*'accord de libre-échange' signifie tout pays développé, ou tout pays ayant une part des échanges commerciaux mondiaux supérieure à 1 pour cent dans l'année précédant l'entrée en vigueur de l'accord de libre-échange mentionné au paragraphe 2, ou tout groupe de pays agissant individuellement, collectivement ou à travers un accord de libre-échange ayant une part des échanges commerciaux mondiaux supérieure à 1,5 pour cent dans l'année précédant l'entrée en vigueur de l'accord d'intégration économique mentionné au paragraphe 2*".

Maintenant que la CI et le Ghana, à côté de 11 autres Etats de l'AO – le Bénin, le Burkina Faso, le Cap Vert, la Gambie, le Ghana, la Guinée, le Libéria, le Mali, la Mauritanie, le Sénégal et le Togo – ont signé la ZLEC – seuls le Nigéria, la Guinée Bissau et la Sierra Leone ne l'ont pas fait –, ils se sont engagés à ouvrir leurs marchés à 90% de leurs importations venant de l'Afrique, les 10% restant pouvant être libéralisés plus tardivement, même s'il faut encore attendre que le schéma de libéralisation de la ZLEC soit mieux précisé, notamment avec le dépôt de l'offre tarifaire de chaque Etat et après ratification de la ZLEC par 22 Etats, ce qui devrait nécessiter au moins deux ans.

Comme le pourcentage des échanges commerciaux mondiaux réalisé par le partenaire sera basé sur les données de l'OMC, celle-ci montre que l'Afrique a représenté en 2016 2,2% des exportations mondiales et 3,2% des importations mondiales[115]. Il en résulte que la CI et le Ghana devront aussi libéraliser 90% de leurs importations venant de l'UE, donc bien au-delà des 75% prévus dans leurs APEi. D'autant que l'article 17 des APEi comme l'article 16 de l'APE de l'AO n'exigent pas que '*le traitement tarifaire plus favorable*' corresponde à des importations effectives. Cela impliquerait des pertes de recettes douanières très supérieures à celles déjà considérables calculées pour les APEi de CI et le Ghana.

---

[115] WTO, World trade Statistical review 2017: https://www.wto.org/english/res_e/statis_e/wts2017_e/wts17_toc_e.htm

Alors que l'UE avait déjà fortement aidé le processus de la ZLEC[116], elle vient de s'engager à poursuivre ce soutien dans une déclaration commune de la Vice-présidente de la Commission européenne chargée de la politique étrangère, Federica Mogherini, de la Commissaire européenne au commerce, Cecilia Malmström, et du Commissaire européen au développement et à la coopération internationale, Neven Mimica : "*L'adoption et la signature des instruments juridiques de l'AfCFTA et la signature du Protocole sur la libre circulation des personnes sont des engagements concrets en faveur de la libéralisation et pour poursuivre la construction de ce qui a déjà été réalisé au niveau régional. L'UE est prête à soutenir la mise en œuvre de cet acquis impressionnant dans l'esprit du partenariat Union africaine-Union européenne et de notre déclaration politique commune du Sommet d'Abidjan en novembre 2017*"[117]. Ainsi, après avoir imposé les APEi, l'UE gagnera apparemment sur les deux tableaux tandis que la CI et le Ghana seront les dindons de la farce !

Le soutien de l'UE à la ZLEC correspond aussi à la volonté de la Commission européenne de négocier le futur accord avec les pays ACP, qui remplacera l'Accord de Cotonou après 2020, avec les trois ensembles géographiques de l'Afrique sub-saharienne (ASS), des Caraïbes et du Pacifique[118] et non plus avec les Communautés économiques régionales (CER), dont la CEDEAO.

---

[116] http://www.au.int/en/speeches/opening-statement-he-fatima-haram-acyl-african-union-commissioner-trade-and-industry

[117] https://www.africa-eu-partnership.org/en/newsroom/all-news/africa-launches-its-continental-free-trade-area

[118] https://ec.europa.eu/europeaid/recommendation-council-decision-authorising-negotiations-partnership-agreement-between-european_en

Pourtant le Ghana a ratifié en toute hâte la ZLEC le 27 avril 2018 pour augmenter les chances de sa candidature pour diriger le Secrétariat de la ZLEC chargé de sa mise en œuvre, ce qui sera décidé par le prochain Sommet des Chefs d'Etat d'Afrique en juillet 2018[119].

Malheureusement les 11 autres Etats de l'AO ayant signé la ZLEC ne pourront pas non plus taxer 90% de leurs importations venant des autres pays d'Afrique, y compris de Côte d'Ivoire et du Ghana, même sans APEi, d'autant que ces APEi vont désintégrer le tarif extérieur commun (TEC) de la CEDEAO à moins que celle-ci décide de les exclure.

C'est d'autant plus absurde que, à part la Côte d'Ivoire, le Ghana et le Nigéria, tous les autres pays de l'AO sont des 'pays moins avancés' (PMA) ou assimilés (Cap Vert) qui n'auront pas à libéraliser leurs importations venant de l'UE en l'absence d'APE régional.

C'est une absurdité amplifiée par le fait que la clause NPF de l'APE régional ne s'appliquait pas aux importations venant de l'Afrique et n'aurait pas obligé les Etats de l'AO à libéraliser 90% de leurs importations venant de l'UE s'ils n'avaient pas signé la ZLEC. Incidemment les Membres de la ZLEC sont les 55 Etats de l'Union africaine et non leurs Communautés Economiques Régionales (CER), dont la CEDEAO.

Autrement dit le dommage causé aux autres Etats de l'AO par la CI et le Ghana sera bien plus grave que sans la ZLEC puisque les DD que ces autres Etats pourront appliquer à leurs importations venant de ces deux pays seront

[119] https://www.tralac.org/news/article/12993-ghana-eyes-afcfta-secretariat.html

limités à 10% et ce sera aussi le cas pour leurs importations entre eux si la CEDEAO ne décide pas d'exclure la Côte d'Ivoire et le Ghana afin de conserver le TEC régional.

Dans ce contexte aussi absurde que dangereux pour tous les Etats de l'AO, la CEDEAO devrait se réunir d'urgence et prendre les décisions qui s'imposent pour sauver l'intégration régionale. Car les 16 Etats de l'AO ont tout intérêt à privilégier les échanges régionaux à ceux avec toute l'Afrique. Si, selon TradeMap, l'AO n'importe d'Afrique en 2016 que 10,5% de ses importations mondiales et n'y exporte que 20,2% de ses exportations mondiales, les importations intra-AO ont néanmoins représenté 66% de ses importations venant d'Afrique et ses exportations intra-AO 62% de ses exportations vers l'Afrique.

Si la CI n'importe d'Afrique que 21,4% de ses importations mondiales et n'y exporte que 33% de ses exportations mondiales, ses importations venant de l'AO ont représenté 75,1% de ses importations venant d'Afrique et ses exportations vers l'AO 59,2% de ses exportations vers l'Afrique. Et si le Ghana n'importe d'Afrique que 9% de ses importations mondiales et n'y exporte que 24,6% de ses exportations mondiales, ses importations venant de l'AO ont représenté 45,6% de ses importations d'Afrique et ses exportations vers l'AO 77,8% de ses exportations vers l'Afrique. Clairement ces deux pays ont aussi tout intérêt à privilégier l'intégration régionale au mirage d'une intégration continentale très prématurée.

Après vérification des dispositions prévues pour la clause NPF dans les autres APE des pays ACP, trois APE régionaux – du Cariforum (article 19), du Pacifique (article 8) et du Cameroun (article 19) – sont dans la même situation que les APEi de CI et du Ghana qui n'excluent pas la clause NPF dans les accords commerciaux avec les pays ACP. Compte tenu de l'éloignement du Cariforum et du Pacifique des autres pays ACP, cela n'aurait d'impact que sur le Cameroun dont le taux de libéralisation des importations venant de l'UE28-RU augmenterait de 79,7% dans l'APE de la CEMAC à 90% avec la ZLEC.

Par contre la clause NPF ne jouera pas pour les 3 autres APE d'ASS qui ont exclu d'appliquer la clause dans leurs accords commerciaux avec les pays ACP : la CAE (Communauté d'Afrique de l'Est, article 15), la SADC (article 28) et l'ESA (4 pays de la COMESA, article 16). En outre ces trois APE n'ajoutent pas la contrainte d'un taux d'industrialisation minimal pour ce partenaire, contrainte qui n'était prévue que dans l'APE de l'AO.

Une fois encore cela montre l'incohérence du comportement de la Commission européenne dans le même temps où elle a systématiquement refusé de renégocier les APE avec les pays qui ne les ont pas encore signés comme le Nigéria en AO, la Tanzanie dans la CAE et les 5 autres pays de la CEMAC, et alors qu'elle entend négocier l'Accord qui succédera à celui de Cotonou avec l'Afrique sub-saharienne considérée comme un tout.

Cela souligne aussi l'incohérence de la ZLEC créée en vue de renforcer le poids de l'Afrique dans les échanges agricoles mondiaux. Car la ZLEC ne pèsera en rien sur les négociations commerciales au sein de l'OMC tant qu'elle n'en sera pas membre à part entière, comme l'UE qui y négocie au nom de ses 28 Etats membres. Elle ne disposera pas en particulier de DD *consolidés*, les seuls négociés à l'OMC, et la future Union douanière continentale – qui n'a pas encore été négociée – n'aura que des DD *appliqués* sans possibilité de les augmenter jusqu'au niveau de ses propres droits consolidés en fonction de la conjoncture, tout comme les TEC (Tarifs extérieurs communs) des CER ne portent que sur les DD appliqués, même si la plupart des Etats de l'Union africaine (UA) et des CER sont déjà Membres de l'OMC et ont donc des droits consolidés individuels, comme c'est le cas pour les 15 Etats de la CEDEAO.

Une fois encore cela milite pour que la ZLEC ne soit qu'un projet à très long terme, ultime étape de la consolidation des CER ayant atteint un niveau élevé d'intégration, y compris monétaire et politique, avec en particulier un budget conséquent alloué au rattrapage des Etats les moins compétitifs qui souffriront le plus de la baisse de leurs recettes douanières, faute de quoi ils quitteront les CER et a fortiori la ZLEC. En suivant l'exemple, une fois n'est pas coutume, de l'UE qui a toujours consacré le tiers de son budget aux Fonds structurels et Fonds de cohésion alloués au rattrapage des Etats membres les moins compétitifs, au point que la Pologne est le premier bénéficiaire net des aides de l'UE avec plus de 9 Md€ par an, 7 fois plus à elle seule que le PAPED pour l'AO !

Parmi les nombreuses autres incohérences et le caractère très prématuré de la ZLEC, dont Ken Ukaoha a fait une longue description[120], ajoutons celles des dispositions

---

[120] Ken Ukaoha, *Lessons for Africa in the CFTA before Crucifying Nigeria's President*, NANTS, April 12, 2018, https://www.thisdaylive.com/index.php/2018/04/12/cfta-lessons-for-africa-before-crucifying-nigerias-president/; *Eight Lessons on Imperatives of Private Sector-driven AfCFTA*, NANTS, April 26, 2018, https://www.thisdaylive.com/index.php/2018/04/26/eight-lessons-on-imperatives-of-private-sector-driven-afcfta/

des articles 19 et 20 portant sur les éventuels conflits entre l'Accord ZLEC et les accords commerciaux passés par les CER. D'un côté l'article 19 dispose que "*Le présent accord ne doit pas annuler, modifier ou révoquer les droits et obligations découlant des accords commerciaux préexistants que les Etats parties ont conclus avec des tiers*", tandis que, selon l'article 20, "*En cas d'incompatibilité entre le présent accord et tout accord régional, le présent accord prévaut dans la mesure de l'incompatibilité spécifique, sauf disposition contraire du présent accord*"[121]. Autrement dit, selon l'article 19, la ZLEC ne devrait pas modifier les dispositions des APE conclus avec l'UE, et notamment des APEi de CI et du Ghana de ne libéraliser que 75% de leurs importations venant de l'UE, alors que, selon l'article 20, ils devraient en libéraliser 90% compte tenu de la clause NPF des APEi.

[121] https://www.tralac.org/documents/resources/african-union/1870-agreement-establishing-the-afcfta-kigali-draft-text-march-2018-1/file.html

VIII. L'UE se tire une balle dans le pied en imposant les APE

Jusqu'à présent on a essentiellement souligné les impacts négatifs de l'APE de l'AO et des APEi de CI et du Ghana pour l'AO mais ils produiront aussi des effets boomerang sur l'UE elle-même qui se tire une balle dans le pied en les imposant. Et ces effets se produiront à deux niveaux : ils feront exploser l'afflux des migrants illégaux que l'UE ne veut pas accueillir et alimenteront les mouvements terroristes en AO comme dans l'UE ; et ils réduiront les énormes débouchés à moyen et long terme pour les produits et services à forte valeur ajoutée de l'UE si elle mettait fin aux APE.

8.1. Les APE feront exploser l'afflux de migrants illégaux dans l'UE et les recrutements des mouvements terroristes en AO

Alors que les APEi de CI et du Ghana n'ont pas encore commencé à libéraliser leurs importations venant de l'UE28-RU, Frontex montre que les immigrants illégaux dans l'UE arrivés de 5 pays identifiés de l'AO (Nigéria, Côte d'Ivoire, Guinée, Sénégal, Gambie) sont passés de 26

356 en 2014 à 91 401 en 2016[122]. Le rapport ajoute : "*En 2016 plus de 100 000 immigrants illégaux d'Afrique de l'Ouest ont été détectés*". Toutefois le nombre de migrants entrés par la route de la Méditerranée centrale aurait baissé d'un tiers en 2017, dont de 52% pour le Nigéria (de 37 554 à 18 163) et de 23% pour la CI (de 12 399 à 9 509) mais, en ajoutant ceux passés par la route de la Méditerranée occidentale les migrants venant de CI n'ont baissé que de 8,5% (de 14 045 à 12 854).

En réalité la migration vers l'UE reste minime par rapport aux migrations intra-africaines et intra-AO. En 2017 17% seulement des migrants d'ASS sont venus en Europe (UE plus Norvège et Suisse) contre 68% dans d'autres pays d'ASS, 6% aux Etats-Unis et 10% dans le reste du monde[123]. La Commissaire du Nigéria pour les réfugiés, les migrants et personnes déplacées a déclaré le 20 octobre 2017 que 200 346 Nigérians ont fui le pays en 2016 et se sont réfugiés dans les pays voisins (Cameroun, Tchad et Niger) tandis que 1,9 million de personnes ont dû changer de région au sein du Nigéria par suite de l'insurrection de Boko Haram et de désastres climatiques.

Au-delà des chiffres, sûrement très approximatifs et sous-estimés, le vrai problème est que, devant le raidissement de l'opinion publique de la majorité des Etats membres de l'UE, et l'assimilation croissante faite entre l'arrivée de migrants, notamment d'Afrique, que l'on ne veut pas accueillir, et les attentats dans l'UE, celle-ci durcit les conditions du droit d'asile, impose leur retour dans

---

[122] http://frontex.europa.eu/assets/Publications/Risk_Analysis/Annual_Risk_Analysis_2017.pdf

[123] http://www.pewresearch.org/fact-tank/2018/02/28/international-migration-from-sub-saharan-africa-has-grown-dramatically-since-2010/

les pays d'origine et consacre une part croissante de son aide au développement à la réduction du nombre de migrants arrivant dans l'UE. Et ceci sous couvert de s'attaquer à la racine des causes de la migration !

En fait les institutions de l'UE, notamment de France, font tout pour agiter l'épouvantail des liens supposés entre migrants et attentats, ce qui a pour effet de réduire la volonté de les accueillir de façon digne. Ainsi la procédure de Dublin-2 oblige les migrants à laisser leurs empreintes digitales dans le pays d'arrivée sur le sol de l'UE, seul pays où ils doivent revenir pour déposer leur demande d'asile s'ils sont entre temps partis dans un autre pays de l'UE. En mars 2018 la Commission européenne a annoncé un durcissement de l'octroi de visas pour les pays qui rechignent à rapatrier leurs ressortissants déboutés du droit d'asile et a promis 3 nouveaux milliards d'euros à la Turquie pour qu'elle continue à retenir les immigrants aspirant à rejoindre l'UE.

L'Assemblée nationale française a adopté en première lecture le 22 avril 2018 le projet de loi "*Pour une immigration maitrisée, un droit d'asile effectif et une intégration réussie*" qui durcit beaucoup les conditions du droit d'asile, notamment en raccourcissant de moitié le délai pour déposer la demande d'asile (de 6 à 3 mois) et le délai de recours pour les déboutés (d'un mois à 15 jours), et en les reconduisant systématiquement dans leur pays d'origine (s'ils ne se sont pas cachés).

Dans sa leçon au Collège de France le 5 avril 2018 pour l'inauguration de la Chaire 'Migrations et sociétés', François Héran a souligné que cette loi traite de l'immigration "*avec une unique boussole : l'acceptabilité des mesures par le public, en d'autres termes une politique d'opinion*", une politique non démocratique pour un pays se prétendant patrie des droits de l'homme[124]. Et il a cité Jean-Jacques Rousseau pour qui "*La domination même est servile, quand elle tient à l'opinion ; car tu dépends des préjugés de ceux que tu gouvernes par les préjugés*"[125].

Avec 262 0000 migrants arrivés en France en 2017, soit 0,4% de la population, la France n'est qu'au 16è rang dans l'UE28 pour l'accueil des migrants en pourcentage de la population. Guillaume Duval observe que "*la France est, depuis de longues années maintenant, l'un des pays développés qui accueillent le moins d'immigrés et un de ceux où la part des immigrés dans la population est la plus basse... Les immigrés posent en effet d'autant moins problème aux pays d'accueil, notamment en matière de dumping social, qu'ils n'y séjournent pas illégalement en y étant condamnés au travail au noir*"[126].

Selon l'Appel à un changement radical de politique migratoire en France lancé le 15 juin 2017 par plus de 300 organisations, "*La gestion répressive des migrations internationales et le non-respect du droit d'asile qui prévalent dans la plupart des pays d'Europe, et en France en particulier, sont un échec effroyable. Tout d'abord parce que les guerres, les violations des droits humains, l'aggravation des inégalités et les catastrophes climatiques jettent un nombre incompressible de personnes sur les routes de l'exil, et aucune police au monde ne pourra jamais empêcher des jeunes de chercher à se construire*

---

[124] Olivier Doubre, "*Migrants, l'Europe toujours plus barricadée*", Politis, 12 avril 2018.
[125] Emile ou de l'éducation, 1762.
[126] Guillaume Duval, "*L'immigration est-elle réellement une charge pour les pays d'accueil?*", Alternatives économiques, mars 2018.

un avenir, ou des familles de vouloir protéger leurs enfants"[127]. Soulignons que les associations françaises s'occupant de l'accueil des migrants font un travail remarquable et témoignent que, au-delà de l'attitude du gouvernement préférant entretenir les opinions alarmistes voire xénophobes, la majorité silencieuse du peuple français est prête à accueillir plus de migrants.

Parmi les principaux moyens financiers mobilisés pour 'l'Agenda européen sur la migration'[128] il y a le 'Fonds d'affectation spéciale d'urgence de l'UE pour l'Afrique' et le 'Fonds européen de développement durable' faisant partie du 'Plan d'investissement extérieur'. Mais la Commission souligne que les financements promis par les Etats membres ne sont pas au rendez-vous.

Le Plan d'investissement extérieur prétend créer un effet de levier très important pour attirer les investissements privés : "*Le Fonds européen pour le développement durable... est complété par une nouvelle garantie supplémentaire de 1,5 milliard d'euros visant à mobiliser 44 milliards d'euros d'investissements par les IFI (institutions financières internationales) et les IFD (institutions financières de développement), avec un accent particulier sur les IFD européennes, afin de diversifier la gamme des acteurs ainsi que d'accroître et de favoriser la coordination et la concurrence entre eux*". Une étude d'ECDPM souligne en effet que "*Une question récurrente dans le financement du développement est liée au risque élevé (perçu) pour les projets d'investissement en Afrique subsaharienne auquel sont confrontés les investisseurs privés*

[127] https://blogs.mediapart.fr/les-invites-de-mediapart/blog/150617/un-appel-un-changement-radical-de-politique-migratoire-en-france
[128] http://europa.eu/rapid/press-release_IP-18-1763_en.htm

mais aussi les banques et institutions financières locales, nationales, régionales et internationales (de développement)"[129].

Effectivement les garanties du Plan d'investissement extérieur couvrent toute la gamme des risques possibles : risques commerciaux (défaut de paiement), risque politique (coup d'Etat, expropriation), risque de change, risques climatiques. Et la Déclaration conjointe du 6e Forum des affaires UE-Afrique du 27 novembre 2017 à Abidjan (deux jours avant le Sommet des Chefs d'État UE-Union africaine) enfonce le clou en réclamant un 'bon environnement politique' : "*Le secteur des entreprises est prêt à intensifier et à faciliter l'investissement dans des domaines critiques, à soutenir la productivité et la compétitivité pour créer la prospérité, si le bon environnement politique est en place. Nous espérons que les investisseurs européens et africains amélioreront leur climat d'investissement, ce qui contribuera également à la réalisation des ODD. L'agriculture et le secteur manufacturier devraient figurer parmi les secteurs prioritaires pour des initiatives commerciales viables et pour créer des emplois plus nombreux et de meilleure qualité. Les organisations d'entreprises et les entreprises européennes et africaines sont désireuses d'encourager les mesures de politique publique pour faciliter les flux d'investissement qui contribuent à une croissance économique soutenue*"[130].

L'objectif principal de la DG DEVCO (Développement et Coopération) ainsi que de la DG AGRI de la Commis-

---

[129] http://ecdpm.org/wp-content/uploads/ECDPM-2018-BN-101-What-Is-The-European-External-Action-Plan-EIP-Really-About.pdf
[130] https://www.euafrica-businessforum.com/sites/default/files/6th-eu-africa-business-forum-joint-business-declaration-abidjan.pdf

sion européenne est de soutenir le 'secteur privé' de l'agro-business des exploitations 'modernes' et les agro-industries, ce qui ne correspond pas à la réalité et aux besoins des agriculteurs subsahariens, dont plus de 90% sont de petits agriculteurs familiaux. Cela n'augmenterait pas la production totale, surtout pour les marchés locaux, ne créerait pas les 18 millions d'emplois annuels nécessaires et serait dommageable pour l'environnement.

Loin de s'attaquer à la racine des migrations indésirées par l'UE cette stratégie a plus de chances de les augmenter. D'autant que les données récentes sur l'aide au développement de l'UE ne portent pas à l'optimisme. Le pourcentage de l'aide bilatérale au développement des pays occidentaux de l'OCDE à l'Afrique subsaharienne (ASS) a baissé de 30,8% en 2005-06 à 22,8% en 2015-16[131]. Elle a baissé pour l'ensemble des institutions européennes, y compris les Etats membres, de 36,2% à 25% alors que celle allant à Europe – Turquie (16,6% notamment pour gérer le flux d'immigrés), Ukraine, pays de l'ex-Yougoslavie – est passée de 12,9% à 29%. Pour la France le pourcentage allant à l'ASS a baissé de 54,2% à 31%, pour l'Allemagne de 35,3% à 11,7% et pour le Royaume-Uni de 52,4% à 30,8%.

Les trois principales sources de l'aide de l'UE à l'ASS, dont à l'AO, sont le FED (Fonds européen de développement, financé directement par les Etats Membres), l'Instrument de coopération au développement (ICD) du Budget de l'UE, et les prêts de la BEI, qui sont aussi les

131 http://www.oecd.org/dac/financing-sustainable-development/development-finance-data/statisticsonresourceflowstodevelopingcountries.htm

trois sources finançant le PAPED (Programme d'Aide aux APE).

La Commission européenne a publié en 2017 des évaluations de l'impact du 11è FED et de l'ICD. Elle reconnait que, "*Par rapport au 10e FED, la programmation du 11e FED a été plus influencée par les priorités de Bruxelles et moins par les choix des partenaires locaux. En dépit d'une large consultation, l'influence des parties prenantes a diminué. La prise en compte des priorités émergentes de l'UE dans les programmes du FED s'est faite à travers le Fonds Fiduciaire d'Urgence pour l'Afrique, financé en grande partie par les Réserves du FED, mais dont les modalités risquent d'ébranler les principes fondamentaux de partenariat et d'efficacité du FED... Il existe une tension entre les objectifs visés par le FED et les attentes actuelles à son égard ; en effet, on lui demande d'œuvrer dans le sens de plusieurs autres objectifs de l'UE (en particulier la sécurité et la migration), qui prennent le pas sur les objectifs du développement. Le 11è FED s'est adapté à certaines de ces nouvelles priorités, mais il existe un risque réel que le FED soit contraint de poursuivre des objectifs s'éloignant de sa cible principale, qui est l'éradication de la pauvreté... Par rapport au FED10, les principes de partenariat ont été moins bien appliqués. En effet, les choix en matière de secteur et de modalité ont été dictés par Bruxelles, et l'élargissement du partenariat à d'autres acteurs non étatiques comme les coopératives, les partis politiques, les chefs religieux et les syndicats ouvriers est resté au point mort*"[132].

---

[132] https://ec.europa.eu/europeaid/evaluation-du-11eme-fonds-europeen-de-developpement-fed-rapport-provisoire_fr

Quant à l'ICD, l'évaluation reconnait que "*L'ICD est resté essentiellement un instrument qui reflète une relation traditionnelle donateur-bénéficiaire. Ses fondements politiques et opérationnels ont été affaiblis par un certain nombre d'évolutions récentes telles que la diminution du nombre de pays pouvant prétendre au bénéfice de l'APD* [aide publique au développement], *le rôle décroissant de l'APD dans l'ensemble des flux de ressources, la contraction des budgets de l'aide, la disponibilité de ressources non-APD auprès de donateurs non membres du CAD, les phénomènes de 'pushback' et de 'contraction de l'espace' et l'importance croissante des priorités de la politique intérieure de l'UE... Les progrès ont été insuffisants dans l'intégration de la démocratie et des droits de l'homme, y compris le genre*"[133].

Il va de soi qu'avec les APE et la ZLEC le nombre des migrants comme celui des noyés en Méditerranée bondirait, plus et pendant plus longtemps que l'exode récent des Syriens, Irakiens, Afghans et Libyens, compte tenu de l'explosion démographique attendue en ASS et notamment en AO. Sans plus d'hospitalité de l'UE, la forte poussée du chômage, de la misère et l'absence de perspectives à long terme ne pourraient qu'inciter les jeunes à rejoindre les groupes terroristes comme Boko Aram au Nigéria et les autres mouvements jihadistes comme ACMI et Ansar Eddine au Nord Mali.

[133] https://ec.europa.eu/europeaid/projet-de-rapport-de-levaluation-de-linstrument-de-cooperation-au-developpement-icd-resume_fr

8.2. Les APE réduiraient les énormes débouchés à moyen et long terme pour les produits et services à forte valeur ajoutée de l'UE si elle mettait fin aux APE

Les APE sont aussi une forte menace pour la croissance à moyen et long terme de l'UE car, en imposant un carcan aux possibilités pour les pays d'Afrique sub-saharienne (ASS) et notamment de l'AO, de commencer par assurer leur souveraineté alimentaire et la protection de leurs industries naissantes comme l'UE l'a fait pendant de longues décennies – et comme elle continue à le faire pour ses produits alimentaires de base : céréales, sucre, produits laitiers, viandes et œufs –, leur appauvrissement privera l'UE à moyen et long terme des formidables possibilités d'y exporter des produits et services à haute valeur ajoutée dont ils auront besoin. Rappelons que, si la population de l'UE28 devrait stagner de 2018 à 2050, celle d'ASS serait multipliée par 2,06 et celle de l'AO par 2,12 et dépasserait celle de l'UE28 dès janvier 2030. Et, compte tenu du Brexit, la population de l'AO serait 1,9 fois supérieure à celle de l'UE28-RU en 1950 et celle de l'ensemble de l'ASS 5,1 fois supérieure.

Pour s'affranchir des contraintes multiples que l'UE a imposées à son développement, dont les APE mais pas seulement, l'ASS dont l'AO prendront de plus en plus leurs distances avec l'UE et auront tendance à s'approvisionner de plus en plus auprès des pays émergents, dont l'Inde et la Chine, et des Etats-Unis qui ne leur imposent pas les mêmes contraintes de réciprocité commerciale.

Conclusion

Après le refus définitif du Nigéria de signer l'APE de l'AO l'UE est au pied du mur, empêtrée dans les conséquences très négatives imprévues pour l'AO comme pour elle-même d'avoir imposé la mise en œuvre des APEi de Côte d'Ivoire et du Ghana tout en soutenant la ZLEC.

Pour l'AO cela se traduira par la désintégration régionale qui rendra en même temps impossible la construction à long terme de la ZLEC. Qui plus est, cette désintégration régionale de l'AO pénalisera le plus la Côte d'Ivoire et le Ghana qui perdront leur compétitivité sur leur principal débouché constitué par les autres Etats de l'AO auxquels ils devront payer d'importants DD, tout en perdant en compétitivité et en recettes de DD et TVA liées à la libéralisation de leurs importations venant de l'UE28-RU. Ils perdront même en compétitivité sur leurs exportations vers l'UE compte tenu de l'érosion de leurs préférences liée à la multiplication des accords de libre-échange conclus par l'UE avec des pays exportant le même type de produits.

Face à ces désastres à venir qu'elle préfère ignorer, la prétention de l'UE de lutter contre les racines des migrations non désirées vers l'UE en y consacrant une importante part de ses aides financières traditionnelles à l'AO, rebaptisées PAPED (Programme d'aide aux APE), et en reciblant une autre partie vers la réduction des immigrants et vers de larges garanties aux investisseurs privés pour moderniser l'industrie et l'agriculture régionale sur le modèle européen, est clairement vouée à l'échec.

Si ces comportements dolosifs de l'UE avaient été connus des Etats ACP ils n'auraient pas signé et ratifié les APE régionaux et les APEi mais auraient demandé à bénéficier, soit d'une dérogation à l'OMC pour réintroduire les accords préférentiels comme les Etats-Unis l'ont fait avec l'AGOA renouvelé en 2015 jusqu'en 2025, soit du régime tarifaire SPG+ de l'UE puisqu'ils en respectent les critères. Et le Parlement européen et le Conseil des ministres de l'UE n'auraient sûrement pas suivi la Commission européenne sur les APE et APEi.

Mais il n'est pas trop tard pour que même la Côte d'Ivoire et le Ghana reviennent sur leurs décisions, largement dues au comportement de la Commission européenne qui les a induits en erreur de multiples façons et n'a pas respecté ses engagements. L'article 49 de la Convention de Vienne sur le droit des traités stipule que "*Si un Etat a été induit à conclure un traité par la conduite dolosive d'un autre Etat qui le négociait, l'Etat peut invoquer la fraude pour invalider son consentement à être lié par le traité*"[134]. De même l'article 1130 du Code civil français stipule que "*L'erreur, le dol et la violence vicient le consentement lorsqu'ils sont de telle nature que, sans eux, l'une des parties n'aurait pas contracté ou aurait contracté à des conditions substantiellement différentes. Leur caractère déterminant s'apprécie eu égard*

[134] http://legal.un.org/ilc/texts/instruments/english/conventions/1_1_1969.pdf

aux personnes et aux circonstances dans lesquelles le consentement a été donné"[135].

Plutôt que d'interpeller le médiateur bilatéral prévu par l'APE AO ou les APEi, la CEDEAO et la CAE et leurs sociétés civiles comme celles de l'UE devraient recourir au Médiateur des droits de l'UE et à la Cour de justice de l'UE, voire à la Cour des comptes de l'UE et à la Cour européenne des droits de l'homme, mais aussi à la Cour de justice de la CEDEAO[136] et à la Cour de justice de la CAE[137], afin de rendre nulles et non avenues les signatures de ces APE, extorquées par les manoeuvres dolosives de la Commission européenne.

Au-delà toutefois de ces recours juridiques possibles, les Institutions européennes doivent comprendre que, pour atteindre aussi les objectifs du développement durable (ODD) en 2030 signés à New York en septembre 2015 et ceux sur le changement climatique signés à Paris en décembre 2015, elles perdront toute crédibilité politique en ayant empêché les pays ACP de les atteindre alors que, même sans les APE et APEi, cela serait déjà très difficile. Par contre la résiliation des APE déjà mis en œuvre, dont les APEi de Côte d'Ivoire et du Ghana, est un préalable si l'UE veut négocier dans les conditions acceptables par l'ASS, notamment l'AO, l'accord de coopération qui succédera à celui de Cotonou à partir de 2021.

Une fois cette contrainte des APE levée, la stratégie de développement que l'AO devrait mettre en œuvre serait la suivante. Puisque les agriculteurs représentent une grosse

---

[135] https://iej.univ-paris1.fr/openaccess/reforme-contrats/titre3/stitre1/chap2/sect2/ssect1/para2-vices-consentement/

[136] http://www.courtecowas.org/site2012/index.php?lang=en

[137] http://eacj.org/

majorité de la population et qu'il faut réduire le déficit alimentaire, il faut leur garantir des prix rémunérateurs et stables grâce à une protection efficace à l'importation par des prélèvements variables[138]. Hélas, toutes les institutions africaines, partageant le discours néo-libéral dominant comme on le voit avec la ZLEC et le projet d'UDC (Union Douanière Continentale), refusent d'évoquer une hausse de la protection à l'importation et ne trouvent leur salut que dans le recours, peu crédible, à des financements accrus des pays 'partenaires' et du 'secteur privé'. Ils oublient que les agriculteurs pourraient autofinancer la hausse de leur production dès lors qu'ils auraient des prix stables et rémunérateurs et seraient à l'abri du dumping des 'partenaires'.

Mais il faut d'abord que les CER (Communautés Economiques Régionales), dont la CEDEAO, deviennent Membres à part entière de l'OMC, comme l'UE, puisque leurs tarifs extérieurs communs n'ont que des DD *appliqués* qu'ils ne peuvent relever en fonction de la conjoncture faute d'avoir des DD *consolidés*, les seuls négociés à l'OMC. Une fois membre de l'OMC, comme l'UE qui négocie au nom de ses 28 Etats membres, la CEDEAO transformera les DD consolidés agricoles en prélèvements variables dès lors que leur équivalent ad valorem ne dépasse pas le DD consolidé.

Pour que les consommateurs pauvres de l'AO puissent supporter le relèvement progressif des prix alimentaires sans entraîner d'émeutes populaires, il faudra instaurer un large programme d'aide alimentaire, à l'exemple de l'Inde

[138] Jacques Berthelot, *Réguler les prix agricoles*, L'Harmattan, 2013, pages 117-153. La version anglaise (*How to regulate agricultural prices*) peut être téléchargée : https://www.sol-asso.fr/articles-de-2013/

et des Etats-Unis, sous forme de coupons d'achat permettant d'acquérir des produits vivriers régionaux à très bas prix dans des magasins agréés. Cela nécessitera un financement par la coopération internationale, notamment des prêts à très long terme et à très bas taux d'intérêt de l'AID, filiale de la Banque mondiale.

Encore faut-il que l'UE cesse de s'aligner sur les Etats-Unis qui ont encore refusé de modifier, lors de la Conférence ministérielle de l'OMC en décembre 2017 à Buenos Aires, les règles de l'OMC sur les stocks publics aux fins de sécurité alimentaire[139].

---

[139] SOL, *Commentaires de SOL sur l'évaluation d'Alan Matthews de la proposition UE-Brésil sur les stocks publics de sécurité alimentaire*, 29 juillet 2017, https://www.sol-asso.fr/analyses-politiques-agricoles-jacques-b-2/; *Reconciling the views on a permanent solution to the issue of public stockholding for food security purposes*, SOL, September 10, 2017, https://www.sol-asso.fr/wp-content/uploads/2017/10/Reconciling-the-views-on-a-permanent-solution-to-the-isssue-of-public-stockholding-for-food-security-purposes-1.pdf

ACRONYMES

ACP : Afrique-Caraïbes-Pacifique
AGOA : African Growth Opportunity Act
ALE : accord de libre-échange
AO : Afrique de l'Ouest
APE : Accord de partenariat économique
APEi : APE intérimaire
AsA : Accord sur l'agriculture de l'OMC
ASS : Afrique sub-saharienne
BEI : Banque européenne d'investissement
CAD : Comité d'aide au développement de l'OCDE
CAE : Communauté d'Afrique de l'Est
CAF : coût, assurances, fret
CEDEAO : Communauté économique des Etats de l'Afrique de l'Ouest
CEMAC : Communauté économique et monétaire de l'Afrique Centrale
CEPII : Centre d'Etudes Prospectives et d'Informations Internationales
CER : communauté économique régionale
CETA : accord économique et commercial entre le Canada et l'Union Européenne
CNUCED : Conférence des Nations Unies sur le Commerce et le Développement
COP : céréales, tourteaux d'oléagineux et protéagineux
CRIDEV : Centre d'information et d'échange pour la solidarité internationale
CSS : Clause de sauvegarde spéciale de l'Accord sur l'agriculture
CTCI : Classification type du commerce international.
DD : droits de douane
DEVCO : Direction générale Développement et Coopération de la Commission européenne
DFQF : duty free-quota free
DG : Direction générale
DPB : droit au paiement de base
DPU : droit au paiement unique
DROI : Commission Droits de l'homme du Parlement européen
EAV : équivalent ad valorem
EU : Etats-Unis

FAB : franco à bord
FED : Fonds européen de développement
FRONTEX : European border and coast guards agency
GATT : General Agreement on Tariffs and Trade
GTAP : Global Trade Analysis Project
ICD : Instrument de coopération au développement du Budget de l'UE
IFD : institutions financières de développement
IFI : institutions financières internationales
IFPRI : International food policy research institute
INTA : Commission internationale du Parlement européen
ITAQA : international trade and quantitative analysis
ITUC : International Confederation of Trade Unions
LT : ligne tarifaire
MAR : market access regulation
MCEG : modèle calculable d'équilibre général
OCDE : Organisation de Coopération et de Développement Economique
OMC : Organisation mondiale du commerce
ONG : Organisation non gouvernementale
PAPED : programme d'aide à l'APE d'Afrique de l'Ouest
PED : pays en développement
PIB : produit intérieur brut
PMA : pays les moins avancés
RD : recettes douanières
RdM : reste du monde
RO : règle d'origine
RU : Royaume-Uni
SH : Système harmonisé de désignation et de codification des marchandises
SOL : Alternatives agro-écologiques et solidaires
SPG : Système de Préférences Généralisées
TAFTA : Transatlantic Free Trade Agreement
TCP : taxe complémentaire de protection de la CEDEAO
TEC : tarif extérieur commun de l'Afrique de l'Ouest
TES : tableau d'entrées-sorties
TRADE MAP : Trade statistics for international business development
TSA : Tout sauf les armes
TVA : taxe à la valeur ajoutée
UA : Union Africaine
UE : Union européenne
UE28-RU : UE des 28 Etats membres moins le Royaume-Uni suite au Brexit
UEMOA : Union Economique et Monétaire d'Afrique de l'Ouest
USAID : U.S. Agency for International Development
UTA : unité de travailleur agricole
ZLEC : Zone de Libre-Echange Continentale

Table des matières

Économie et Entreprise
aux éditions L'Harmattan

Dernières parutions

LE BIG BANG DES NOUVELLES ROUTES DE LA SOIE
Dhomps Pierre, Tsiang Henri - Préface de Jean-Pierre Raffarin
L'ambition des Nouvelles Routes de la Soie, aussi appelées BRI (Belt and Road Initiative) est de relier la Chine à l'ensemble du continent eurasiatique et à l'Afrique par des voies de communication terrestres et par le renforcement des voies maritimes. La priorité est donnée au co-développement économique entre les 65 pays et régions concernés et la Chine, grâce à une connectivité et une participation active. Ce projet considérable va de pair avec la volonté du président chinois Xi Jinping de faire retrouver à la Chine sa place éminente.
(21.50 euros, 198 p.)
ISBN : 978-2-343-13604-2, ISBN EBOOK : 978-2-14-005318-4

MARCHÉ DU LOGEMENT ET AIDES PUBLIQUES
Cornuel Didier
Si le prix des logements est élevé, dit-on, c'est que l'offre serait insuffisante. Ce diagnostic est erroné. En réalité, l'offre est excédentaire. La stabilité du prix des loyers et l'explosion de la vacance en sont la preuve. La politique du logement basée depuis plus de 10 ans sur ce diagnostic ne peut être ni efficace ni pertinente. Après avoir précisé la place du logement dans l'économie, l'ouvrage examine les principales aides publiques en la matière pour en réaliser une évaluation économique et suggérer des réformes.
(Coll. Logiques sociales, 22.50 euros, 218 p.)
ISBN : 978-2-343-13579-3, ISBN EBOOK : 978-2-14-005322-1

L'ART DE LA DIPLOMATIE ÉCONOMIQUE
Kemache Fouad
La diplomatie économique, pilier de la politique étrangère de la France sous François Hollande, répondait à plusieurs impératifs : résorber le déficit commercial du pays et freiner sa désindustrialisation. Quant à la Chine, elle l'emploie largement pour étendre son influence globale. La diplomatie économique permet de comprendre la manière dont les États tentent de préserver leurs intérêts stratégiques. En apparence attrayante, cette forme de diplomatie limite l'action extérieure d'une nation au commerce.
(14.50 euros, 126 p.)
ISBN : 978-2-343-13139-9, ISBN EBOOK : 978-2-14-005154-8

L'ACCORD DE LIBRE-ÉCHANGE
Entre l'Union européenne et le Canada – Tout savoir sur le CETA/AECG
Favari Danièle
Moins connu que le TAFTA, le CETA entré en application provisoire le 21 septembre 2017, est tout aussi préoccupant et ne prend pas en compte l'enjeu climatique. Au-delà de la suppression des droits de douane et des contingents agricoles, cet accord dit de « nouvelle génération » ouvre la voie à la privatisation des services publics et à une harmonisation des normes qui facilite les échanges commerciaux. L'accord porte atteinte au droit à réguler des États membres bien inquiétant pour les investisseurs. Il importe de découvrir toutes les facettes de cet accord entre UE et Canada.
(17.00 euros, 156 p.)
ISBN : 978-2-343-13080-4, ISBN EBOOK : 978-2-14-004991-0

CLÉS D'ACCÈS AU XXIIe SIÈCLE (T. 1)
La destruction créatrice, une illusion ravageuse
Simonin Jean-François
Il faut revenir sur le concept de destruction créatrice formulé en 1942 par Joseph Schumpeter. Il fait office d'évidence pour les élites économiques et politiques de la mondialisation. Mais c'est une ineptie de penser que la destruction pourrait être créatrice. Elle est à l'origine de la myopie écologique et anthropologique de l'économie mondialisée du XXIe siècle. Il faut donc enterrer définitivement cette illusion. Il s'agit d'identifier ses sources, ses tenants et aboutissants pour désamorcer sa puissance ravageuse. C'est la première étape de la reconstruction d'un projet de civilisation.
(22.00 euros, 216 p.)
ISBN : 978-2-343-13307-2, ISBN EBOOK : 978-2-14-005095-4

CLÉS D'ACCÈS AU XXIIe SIÈCLE (T. 2)
De nouveaux matérieux pour de nouveaux futurs
Simonin Jean-François
Depuis que nous sommes entrés dans l'ère de l'anthropocène, nous n'avons plus grand-chose à attendre d'un surcroît d'ingénierie chimique, nucléaire, génétique, climatique, numérique ni financière pour consolider l'avenir de la civilisation occidentale. Pourtant, de nouveaux outils et idées surgissent aux interstices des logiques libérales. Cet essai recense ces nouveaux matériaux qui permettent d'envisager d'autres futurs. En réalité, ils sont nombreux et certains semblent assez consistants pour fonder une nouvelle culture. Il faut imaginer ce qui permet de les cristalliser dans un nouveau projet de civilisation.
(22.00 euros, 216 p.)
ISBN : 978-2-343-13306-5, ISBN EBOOK : 978-2-14-005096-1

DE L'ENTREPRISE À LA COMMUNAUTÉ ENTREPRENEURIALE (T. 5)
Traité de gouvernement
Amado Jean
À l'heure où la France est confrontée à "une guerre économique", ce sont les entreprises qui constituent le corps de bataille. Or dans l'entreprise les salariés sont

toujours considérés comme des tiers uniquement reliés à elle par un simple contrat de louage de service. Cet ouvrage entend affirmer que les apporteurs de finance et les apporteurs de travail doivent devenir les citoyens de la même entreprise considérée comme une communauté entrepreneuriale ; tous ces apporteurs étant liés par un même lien de solidarité afin de dégager un profit suffisant pour assurer la survie de leur commune entreprise affirmant ainsi la fin de la lutte des classes.
(Coll. Questions contemporaines, 13.50 euros, 114 p.)
ISBN : 978-2-343-13120-7, ISBN EBOOK : 978-2-14-005087-9

PILOTER SON ENTREPRISE
De l'accompagnement aux choix stratégiques
Salvaire Claude
Cet ouvrage propose une méthode simple pour que tout patron de PME comprenne, rédige, applique sa propre vision stratégique et en mesure les effets. Elle se base non seulement sur une présentation théorique mais surtout sur des exemples concrets qui illustrent le déroulé de toute stratégie. S'y trouvent réunis les outils pour gérer et développer une entreprise, qu'il s'agisse de calcul de rentabilité, d'action commerciale ou de gestion du personnel. L'ouvrage présente des indicateurs et des tableaux qui permettent au créateur d'entreprise de définir son cadre de référence et ses plans d'action.
(Coll. Vivre l'entreprise, 18.00 euros, 168 p.)
ISBN : 978-2-343-13165-8, ISBN EBOOK : 978-2-14-005041-1

LA RÉSILIENCE DES ORGANISATIONS
Les fondamentaux
Teneau Gilles
Les organisations évoluent de plus en plus dans un contexte où le rythme des turbulences et des chocs s'accélère. Comment pouvons-nous créer les conditions pour l'émergence de la résilience, cette aptitude à faire face au choc, à s'adapter ou à rebondir ? Quelles sont les différentes trajectoires possibles en situation de crise ? Cet ouvrage aborde les grands concepts de la résilience des organisations ainsi que les stratégies à mettre en œuvre.
(Coll. Perspectives organisationnelles, 26.00 euros, 264 p.)
ISBN : 978-2-343-13176-4, ISBN EBOOK : 978-2-14-005089-3

LE MARKETING D'INFLUENCE
Stratégies au quotidien pour le chef d'entreprise
Mignot Bruno - Préface de Stéphane Ronteix
Les hommes d'affaires anglo-saxons sont culturellement versés dans l'influence, les latins beaucoup moins. Cet ouvrage fait suite au *Mémento de stratégie d'influence à usage du dirigeant d'entreprise* (2015). Associer la stratégie d'influence au marketing s'avère très naturel tant les objectifs du marketing nécessitent de créer, améliorer, consolider la perception qu'ont les consommateurs d'un produit ou les clients d'un service. Un outil pour les dirigeants d'entreprise et décideurs avides de transformer leur énergie d'entrepreneur en avantages concurrentiels.
(Coll. Diplomatie et stratégie, 17.50 euros, 158 p.)
ISBN : 978-2-343-13430-7, ISBN EBOOK : 978-2-14-005086-2

PENSÉE OU INTELLIGENCE ARTIFICIELLE ?
De la stratégie à la formation, l'humain au cœur du numérique
Marquis François-Xavier
Les nouvelles technologies du numérique interviennent dans toutes les composantes de notre environnement et nous touchent de façon transversale. Pourtant, la transvertalité n'est pas naturelle à l'humain. Notre culture nous a habitués à raisonner de façon verticale, par domaine. Les technologies du numérique interviennent de façon transversale, ce qui ne nous est pas naturel. Acteur et utilisateur du numérique depuis 40 ans, l'auteur nous interpelle sur les enjeux humains et sociétaux de l'ère du numérique, de la stratégie d'entreprise à la formation professionnelle.
(16.50 euros, 154 p.)
ISBN : 978-2-343-13326-3, ISBN EBOOK : 978-2-14-005061-9

PETITES ENTREPRISES DANS L'HISTOIRE INDUSTRIELLE
Sous la direction de Cédric Perrin
Les petites entreprises ont longtemps été négligées par les économistes, les historiens et les pouvoirs publics. Leur contribution à l'histoire industrielle a été ignorée dans les processus de croissance et d'industrialisation depuis la fin du XVIIIe siècle. Après la Seconde Guerre mondiale, l'hégémonie conceptuelle de la productivité et de l'efficacité du fordisme ont contribué à ériger la grande entreprise en modèle. Mais le ralentissement de l'économie dans les années 1970 a permis de reconsidérer le rôle de la petite entreprise.
(Coll. Marché & organisations, 24.50 euros, 232 p.)
ISBN : 978-2-343-13200-6, ISBN EBOOK : 978-2-14-004875-3

L'OMC DE MARRAKECH À WASHINGTON (1994-2017)
Sous la direction de Jean-Claude Martinez
Préface Andrés Rhode Ponce. Avant-propos Jawad Kerdoudi
Postface Maria Claudia Lacouture.
Créée en 1994 à Marrakech, l'Organisation mondiale du commerce (OMC) fut un temps un succès. Puis cette mécanique multilatérale s'est enrayée. Depuis la crise de 2008, la tentation du repli est revenue, dont l'engouement pour les taxes douanières. L'OMC se trouve en porte-à-faux. Tandis que les États retournent au bilatéral et au régional, l'OMC permet l'égalité entre petits États et géants économiques. Il faut donc « sauver le soldat OMC » et inventer des droits de douane déductibles. Ce livre expose un droit modulable, remboursable, négociable et bonifiable. Il réconcilie libre commerce et protection sociale.
(30.00 euros, 290 p.)
ISBN : 978-2-343-12249-6, ISBN EBOOK : 978-2-14-004770-1

Structures éditoriales du groupe L'Harmattan

L'Harmattan Italie
Via degli Artisti, 15
10124 Torino
harmattan.italia@gmail.com

L'Harmattan Hongrie
Kossuth l. u. 14-16.
1053 Budapest
harmattan@harmattan.hu

L'Harmattan Sénégal
10 VDN en face Mermoz
BP 45034 Dakar-Fann
senharmattan@gmail.com

L'Harmattan Cameroun
TSINGA/FECAFOOT
BP 11486 Yaoundé
inkoukam@gmail.com

L'Harmattan Burkina Faso
Achille Somé – tengnule@hotmail.fr

L'Harmattan Guinée
Almamya, rue KA 028 OKB Agency
BP 3470 Conakry
harmattanguinee@yahoo.fr

L'Harmattan RDC
185, avenue Nyangwe
Commune de Lingwala – Kinshasa
matangilamusadila@yahoo.fr

L'Harmattan Congo
67, boulevard Denis-Sassou-N'Guesso
BP 2874 Brazzaville
harmattan.congo@yahoo.fr

L'Harmattan Mali
Sirakoro-Meguetana V31
Bamako
syllaka@yahoo.fr

L'Harmattan Togo
Djidjole – Lomé
Maison Amela
face EPP BATOME
ddamela@aol.com

L'Harmattan Côte d'Ivoire
Résidence Karl – Cité des Arts
Abidjan-Cocody
03 BP 1588 Abidjan
espace_harmattan.ci@hotmail.fr

L'Harmattan Algérie
22, rue Moulay-Mohamed
31000 Oran
info2@harmattan-algerie.com

L'Harmattan Maroc
5, rue Ferrane-Kouicha, Talaâ-Elkbira
Chrableyine, Fès-Médine
30000 Fès
harmattan.maroc@gmail.com

Nos librairies en France

Librairie internationale
16, rue des Écoles – 75005 Paris
librairie.internationale@harmattan.fr
01 40 46 79 11
www.librairieharmattan.com

Librairie l'Espace Harmattan
21 bis, rue des Écoles – 75005 Paris
librairie.espace@harmattan.fr
01 43 29 49 42

Lib. sciences humaines & histoire
21, rue des Écoles – 75005 Paris
librairie.sh@harmattan.fr
01 46 34 13 71
www.librairieharmattansh.com

Lib. Méditerranée & Moyen-Orient
7, rue des Carmes – 75005 Paris
librairie.mediterranee@harmattan.fr
01 43 29 71 15

Librairie Le Lucernaire
53, rue Notre-Dame-des-Champs – 75006 Paris
librairie@lucernaire.fr
01 42 22 67 13

www.ingramcontent.com/pod-product-compliance
Lightning Source LLC
LaVergne TN
LVHW010023081026
849535LV00016B/2922